쉽게 배워서 즐기는
파크골프 이론과 실기

박성두·이광자·박재광·박수희 공편

글터
GEUL TEA

머리말

파크골프는 저비용으로 누구나 쉽게 즐길 수 있으며, 구장의 접근성과 운동효과가 우수한 생활스포츠입니다. 최근에는 다양한 연령층의 사람들이 파크골프를 즐기며, 특히 가족이나 친구가 함께하는 스포츠로 성장해 가고 있습니다.

본 교재는 파크골프 경기를 잘 할 수 있도록 파크골프 이론과 최근의 실기 기술을 총망라한 책이라고 할 수 있으며, 파크골프를 처음 접하는 초보자나 동호인들이 쉽게 이해하여, 경기에 활용할 수 있도록 신기술 자료를 수집한 후 집필한 책입니다.

본 교재의 구성 내용은 다음과 같습니다.

제1장은 파크골프를 쉽게 이해하도록 구장에 필요한 기본 내용을 설명하고, 제2장은 파크골프에 사용하는 기본 용구의 특징과 복장을 설명하고, 제3장은 파크골프장이 어떻게 구성되어 있는지, 홀 구성과 시설물·설치물을 쉽게 이해하여 경기에 활용할 수 있는 방법을 설명하고, 제4장은 파크골프 경기의 기본자세를 이해하여 단계별 스윙 동작을 경기에 활용할 수 있도록 설명하고, 제5장은 파크골프 샷의 종류를 이해하여 경기상황에 맞는 샷을 하도록 방법을 설명하고, 제6장은 파크골프의 경기 시 좋은 분위기를 형성할 수 있는 에티켓과 매너, 안전관리를 설명하고, 제7장은 파크골프 경기를 잘 할 수 있는 경기방법 및 경기규칙, 상황별 경기규칙을 자세히 설명하고, 제8장은 파크골프를 폭넓게 이해할 수 있도록 기본용어를 설명하였습니다.

부록1은 파크골프 자격증에 관한 국가자격증(2급 생활스포츠지도사, 유소년스포츠지도사, 노인스포츠지도사, 2급 장애인스포츠지도사)과 민간자격증((사)대한파크골프협회 파크골프지도자 2급, (사)대한파크골프연맹 파크골프지도자 2급, (사)대한파크골프연합회 파크골프지도자 2급) 시험에 대한 정보를 활용할 수 있도록 게시하고, 부록2는 전국의 시·도파크골프장의 명칭, 홀 수, 주소를 참고할 수 있도록 게시하였습니다.

파크골프 초보자 및 동호인들에게 필요한 책으로 활용되기를 기대하며, 끝으로 본 교재를 집필할 수 있도록 도움을 주신 각종 파크골프 저자님, 파크골프 기술자료의 발표자님 등에게 진심으로 감사의 말씀을 드립니다.

목
차

참고문헌

제1장

파크골프 소개
(Parkgolf introduce)

1.1 파크골프(Parkgolf)란?

1) 파크골프(Parkgolf) 정의

- 공원에서 즐기는 골프경기의 합성어이다.

  Park(공원) + Golf(골프) = Parkgolf(파크골프)

- 파크골프는 자연환경을 벗 삼아 공원 등의 잔디 구장에서 지인들과 함께 즐길 수 있는 운동 종목이다.

- 3~4명이 1개 조로 클럽과 공을 가지고, 파크골프장에서 쉽게 경기할 수 있는 생활스포츠이다.

2) 파크골프(Parkgolf)가 일반골프와 다른 점

① 클럽 1개로 경기를 한다.

② 홀을 크게 축소하여 재편성한 것이다.

③ 경기 중 벌타는 모두 2벌타이다.

④ 깃대는 뽑지 않고 경기를 한다.

⑤ 그린 위에서는 임의로 공을 만질 수 없다.

3) 파크골프(Parkgolf)의 장점

① 파크골프는 연령에 관계없이 즐길 수 있으며, 어린이부터 노인까지 3대가 함께 즐길 수 있는 운동이다.

② 파크골프는 유산소 운동이므로 라운드 시 걷는 양이 많아서 운동효과가 우수하며, 개인의 체력에 따라 1만보 정도의 운동이 가능하다.

③ 파크골프는 자연과 함께 즐기므로 스트레스 해소가 우수하며, 누구나 취미로 즐길 수 있는 운동이다.

④ 다양한 사람들과 즐기는 가장 이상적인 스포츠이기 때문에 친목도모를 하면서 비용이 적게 드는 최고의 스포츠이다.

⑤ 파크골프는 공원, 유휴지, 강변 등에 조성되므로 복지예산 절감효과가 크다고

볼 수 있다.

⑥ 파크골프의 매력은 공이 어디로 갈지 모르며, 마음대로 되지 않고, 쉽게 정복되지 않는다는 점 등을 사람들이 좋아하며, 즐길 수 있게 만든다.

4) 파크골프(Parkgolf)를 꼭 해야 하는 이유

① 접근성 : 파크골프는 도시, 지역의 공원, 개발된 공간에 위치하여 접근하기 쉬워서 편리하게 파크골프를 즐길 수 있다.

② 경제성 : 파크골프는 저렴한 비용으로 즐길 수 있는 장소에 있다.

③ 다양성 : 파크골프는 다양한 난이도와 디자인의 코스를 제공하기 때문에 초보자부터 전문가까지 자신에게 맞는 코스를 찾을 수 있다.

④ 자연과의 조화 : 파크골프는 자연환경과 조화롭게 조성되어 있기 때문에 파크골프를 즐기면서 스트레스를 풀고, 휴식을 취할 수 있다.

⑤ 가족 및 친구와의 활동 : 파크골프는 다양한 연령대와 실력자들이 함께 즐길 수 있으며, 코스 주변에는 휴식 공간이나 기타 활동을 즐길 수 있는 시설들도 많이 있다.

1.2 파크골프(Parkgolf)의 역사

1) 일본

- 1983년 : 일본 홋카이도 토치카지방의 마크베츠공원 내에 7홀의 간이 파크골프장에서 처음 시작

- 현재 : 파크골프장 1,800개 정도, 동호인수 약 400만명

2) 한국

- 2000년 : 한국 진주에서 국내 처음으로 6홀의 상락파크골프장을 건설

- 2003년 : (사)대한파크골프연맹과 일본국제협회가 국내 도입 협약

- 2004년 : (사)대한파크골프연맹 전국 시·도 보급 활동을 시작

- 2004년 : 서울시 여의도 한강파크골프장 9홀 조성 후, 파크골프장 조성이 국내에

전파되기 시작

- 2004년 5월 : 한국 최초로 한일국제교류 파크골프대회가 서울올림픽공원에서 개최된 후, 전국에 파크골프가 보급되기 시작
- 2012년 : 전국생활체육회 창립
- 2016년 6월 : (사)대한파크골프협회 창립
- 2022년 6월 : 문화체육관광부 스포츠클럽법 시행
  (○○파크골프스포츠클럽 등록신청을 하면 시·군·구체육회가 검토한 후 시장, 군수 또는 구청장이 승인하며, 스포츠클럽 등록증을 발급)
- 2023년 5월 : (사)대한파크골프연합회 창립
- 2024년 : 파크골프장 400개 이상, 동호인수 약 60만명

1.3 파크골프 스코어(Parkgolf score)

1) 스코어(Score) 용어

파크골프 경기에서 파(Par)와 타수(Score)는 매우 중요하다.

파(Par)란 홀별로 정해진 기준타수이며, 보통 Par3, Par4, Par5를 기준타수로 정하고 있으며, 9홀에 33타, 18홀에 66타를 기준타수로 정하고 있다.

- 홀 인 원(Hole in one) : 티잉 그라운드에서 1타로 홀 인한 경우
- 오버 파(Over Par) : 기준타수보다 많은 타수
- 언더 파(Under Par) : 기준타수보다 적은 타수
- 이븐 파(Even Par) : 기준타수와 같은 타수

표1. 파크골프(Parkgolf) 용어 설명

용어	설명	파(Par)	타수
파(Par)	기준타수로 컵 인	4	4
버디(Birdie)	기준타수 보다 1타 적게 컵 인	4	3
이글(Eagle)	기준타수 보다 2타 적게 컵 인	4	2

용어	설명	파(Par)	타수
알바트로스(Albatross)	기준타수 보다 3타 적게 컵 인	5	2
홀 인 원(Hole in one)	티 샷을 하여 1타로 컵 인	3	1
보기(Bogey)	기준타수 보다 1타 많게 컵 인	3	4
더블 보기(Double bogey)	기준타수 보다 2타 많게 컵 인	4	6
트리플 보기(Triple bogey)	기준타수 보다 3타 많게 컵 인	4	7
더블 파(Double Par)	기준타수 보다 2배 많게 컵 인	3	6

※ 버디 : 새, 이글 : 독수리, 알바트로스 : 큰 바다 새

2) 타수 암산 방법
   ① 경기 중에 자신이 친 타수를 암산하여 합산한다는 것은 쉽지 않기 때문에, 암산하는 방법을 사용하면 편리하다.
   ② 홀마다 3타를 기준으로 9홀을 가감한 결과가 6타라면, 3타 기준타수의 합계 27타에 6타를 더하면, 총 타수는 33타가 된다.

1.4 준비운동과 정리운동

1) 준비운동
   ① 파크골프 경기에서 몸이 굳은 상태로는 좋은 경기를 할 수 없으므로, 준비운동은 철저히 하여야 한다.
   ② 대부분의 안전사고나 부상을 입은 사례를 보면, 경기 전에 준비운동이 부족한 가운데, 공을 조금이라도 잘 치겠다는 욕심을 내면서 무리한 경기를 한 경우가 많다고 볼 수 있다.
   ③ 따라서, 준비운동을 하지 않고 경기를 하면 근육이 굳어지고 감각이 둔해져서 무리하게 스윙을 하면서 몸에 부담이 증가되어, 팔꿈치와 어깨 등에 부상이 발생할 수 있다고 볼 수 있다.
   ④ 충분히 준비운동을 하여 신체의 근육(엘보, 근육 파열), 관절, 모든 조직의 혈액순환이 활발해지고, 파크골프 스윙으로 인한 스트레스 없이 부상과 안전사고를

예방할 수 있게 한다.

2) 정리운동

① 경기종료 후 간단한 스트레칭은 피로회복과 근육이완에도 큰 도움이 되므로, 경기 이후에 충분한 정리운동을 하여 호흡, 맥박 등을 경기 전의 상태로 회복시켜 주는 것이 좋다.

② 파크골프 운동 중 어깨에 통증이나 부상을 입었을 경우에는 일단 운동을 중지하고 휴식을 취하여야 하며, 증상이 호전되지 않으면 병원을 내원해 정밀검사를 받아 보는 것이 좋다.

3) 연습의 중요성

① 파크골프는 연습이 성공을 부른다고 할 수 있다.

② 파크골프는 즐거운 마음으로 경기를 할 때 성공할 확률이 높아지므로, 마음의 문을 열고 성공에 대한 확신을 갖고 연습을 열심히 할 때 실력이 향상된다.

③ 라운드 전날에는 어떻게 연습을 하는 것이 좋은가?

- 너무 많은 샷 연습은 바람직하지 못하다.
- 연습장에서는 평소보다 가볍게 어프로치 연습만 한다.
- 짧은 거리의 샷 감각을 되살리는데 신경을 써야 한다.
- 퍼팅 연습은 라운드 전날 반드시 해 보는 것이 좋다.
- 파크골프 채를 가볍게 잡고, 빈 스윙 연습을 하는 것도 좋다.

1.5 건강관리

1) 걷기의 중요성

노년의 건강관리를 위해서는 걷기운동을 하여야 한다.

① 걸음을 멈추면 생각도 멈춘다. 나의 정신은 오직 다리와 함께 움직인다.(장 자크 루소)

② 진정으로 위대한 모든 생각은 걷기에서 나온다.(프리드리히 니체)

③ 인간은 걸을 수 있는 만큼만 존재한다.(장 폴 사르트르)

④ 좋은 약보다는 좋은 음식이 낫고, 좋은 음식보다는 걷기가 낫다.(허준, 동의보감)

2) 걷기의 효과

파크골프를 하면서 걷는 유산소 운동의 효과는 다음과 같다.

① 하체가 전체적으로 단련이 된다.

② 산소 공급능력이 향상된다.

③ 비만, 성인병이 개선된다.

④ 스트레스가 해소된다.

3) 걸음과 건강

10년 동안 65세 이상 노인의 걸음수와 운동효과를 측정한 결과

① 하루에 4,000보를 걸은 사람은 우울증이 없어졌고

② 하루에 5,000보를 걸은 사람은 치매, 심장질환, 뇌졸중을 예방하고

③ 하루에 7,000보를 걸은 사람은 골다공증, 암을 예방하고

④ 하루에 8,000보를 걸은 사람은 고혈압, 당뇨를 예방하고

⑤ 하루에 10,000보를 걸은 사람은 대사증후군을 예방할 수 있다.

1주일에 5일 이상 많이 걷는 것은 필수이며, 모든 병은 걷지 않기 때문에 생긴다. 다리가 아프도록 걸으면 고통스럽지만 숙면을 하게 되고, 숙면 동안 피를 잘 돌게 해주기 때문에, 결국은 몸을 건강하게 만들어준다.

4) 부상의 원인

① 파크골프는 같은 방향으로 동작을 반복하기 때문에 인대나 근육에 부상을 입을 수 있다.

② 파크골프의 실력을 향상시키려고 지나치게 연습을 많이 하면 부상을 입을 수 있다.

③ 파크골프의 스윙을 잘못된 동작으로 반복 연습을 하는 것은 심각한 부상으로 이어질 수 있다.

제2장

파크골프(Parkgolf) 용구 및 복장

2.1 파크골프(Parkgolf) 용구

1) 기본 용구

① 클럽(Club, 채)

클럽은 1개를 사용하며, 공을 샷 할 때 공이 높이 뜨지 않고 잔디 위를 굴러가도록 고안된 것이다.

- 길이 : 86cm 이하(성인용 83~85cm, 어린이용 75cm, 장애인 휠체어용 90cm)
- 무게 : 600g 이하
- 재질 : 헤드 → 목재
  샤프트 → 카본 또는 유리섬유
  그립 → 가죽, 고무
- 로프트(경사각도) : 없음

② 공(Ball)

- 지름 : 6cm
- 무게 : 80~95g
- 재질 : 플라스틱, 합성수지

③ 티(Tee, 공 받침대)

- 높이 : 2.3cm 이하
- 재질 : 고무
- 용도 : 티잉 그라운드에서 처음 티 샷을 할 때 사용

④ 공 마커(Ball marker)

- 크기 : 동전 크기
- 용도 : 경기 중 동반자의 경기에 방해가 될 경우, 공의 위치를
  표시하는데 사용

⑤ 파우치(Pouch)

- 용도 : 예비공, 스코어 카드, 물병 등을 보관하는데 사용

⑥ 클럽 가방(Club bag)

- 클럽을 넣을 수 있는 길이에 끈이 달린 긴 가방

2.2 파크골프 클럽(Parkgolf club)

1) 클럽(Club)의 부분 명칭

　① 헤드(Head) : 공을 타격하기 위한 부분의 전체

　② 샤프트(Shaft) : 헤드와 그립을 연결해 주는 긴 막대기

　③ 그립(Grip) : 클럽의 손잡이 부분

　④ 페이스(Face) : 공을 타격하는 면

　⑤ 스윗 스폿(Sweet spot) : 헤드 면의 중심 부분

　⑥ 백(Back) : 클럽 헤드의 뒷면

　⑦ 토우(Toe) : 클럽 헤드의 앞쪽 끝 부분

　⑧ 힐(Heel) : 클럽 헤드의 뒷쪽 끝 부분

　⑨ 솔(Sole) : 클럽 헤드의 바닥면

　⑩ 라이각(Lie angle) : 클럽 헤드의 바닥면과 샤프트의 각도

　⑪ 로프트각(Loft angle) : 클럽 페이스 면과 샤프트가 이루는 각도

2) 클럽(Club)의 관리

　① 클럽은 고온이나 저온에 노출되지 않도록 서늘하고 바람이 잘 통하는 곳에 두는
　　것이 좋다.

　② 클럽 헤드에 사용한 나무와 카본은 습기나 햇빛에 방치하면 변형의 위험이 커진다.

　③ 클럽 헤드 면은 부드러운 천으로 닦아주며, 헤드 면의 스크레치 등은 잘 지워지
　　지 않기 때문에 무리하게 닦지 말아야 한다.

　④ 샤프트는 거리와 방향성에 중요한 역할을 하기 때문에, 이물질을 제거하고 물기
　　가 닿지 않도록 관리를 하여, 탄성이 떨어지거나 변형되지 않도록 해야 한다.

　⑤ 그립은 손바닥의 땀 등에 의해 생기는 오염을 제거해 주어야 경화가 되지 않는다.

　⑥ 그립의 오염은 즉시 제거하고, 이미 경화가 시작되었다면 그립을 교체하는 것이
　　좋다.

　⑦ 경기 중 이동 시 클럽을 제대로 잡고 걷는 방법은 헤드의 목을 잡고, 그립은 지면

을 향하게 수직으로 하고 걸으면 미관상도 좋고, 전혀 힘이 들지가 않기 때문에 좋은 방법이라고 할 수 있다.

3) 클럽 헤드(Club head)의 재질

① 클럽 헤드는 감나무, 단풍나무, 밤나무, 물푸레나무, 합성목재 등으로 만들어진다.

② 감나무는 북미산이 경도가 높고, 일본의 혼마 클럽 헤드는 감나무를 주로 사용한다고 한다. 위 나무들은 경도가 상당히 좋은 편이다.

③ 합성목재는 여러가지 나무들을 분쇄하여 높은 압력으로 압착하여 만들어진다. 이 압착기술이 더욱더 개발되면 기존 나무들보다 경도가 높은 클럽 헤드를 만들 수 있을 것이다.

④ 경도가 낮으면 헤드가 물러져서 공이 앞으로 덜 나가게 되고, 경도가 높아야 공이 더욱더 멀리 날아가게 된다.

4) 클럽 페이스(Club face)

클럽 페이스는 준비자세를 취할 때 클럽 헤드의 각도를 말한다.

① 스퀘어 클럽 페이스(Square club face)

클럽 헤드를 지면과 수직을 이루도록 하는 경우이며, 일반적으로 많이 사용한다.

② 오픈 클럽 페이스(Open club face)

클럽 헤드의 각도를 오른쪽으로 열리게 한 경우이며, 공을 띄울 때 주로 사용한다.(예, 로브 샷)

③ 클로즈 클럽 페이스(Close club face)

헤드의 각도를 왼쪽으로 닫히게 한 경우이며, 공이 지면을 굴러가도록 한다.

5) 클럽(Club)은 비싸다고 다 좋은 게 아니다.

좋은 샷을 위하여 파크골프를 잘 치려고 하면 거리와 방향을 쉽게 조절할 수 있는 자신에게 맞는 클럽의 선택이 중요하며, 클럽은 비싸다고 하여 다 좋은 것은 아니다. 클럽은 샤프트의 강도와 헤드 무게의 비율이 중요하며, 클럽 헤드의 속도가 빠른데 거리가 나오지 않으면 헤드 무게가 가벼운 클럽을 쓰고 있는지, 확인이 필요하다.

2.3 파크골프 공(Parkgolf ball)

1) 공(Ball)의 구조

공은 지름이 6cm, 무게는 80~95g이 기준이며, 공의 무게가 91~95g 짜리가 주로 사용되며, 공의 종류는 1피스, 2피스, 3피스, 4피스가 있다.

① 1피스 공(1 piece ball)

단일 소재로 구성되어 있기 때문에 내구성이 우수하며, 분리현상이 전혀 없는 장점을 가지고 있다.

② 2피스 공(2 piece ball)

안쪽 코어를 1겹의 커버로 둘러싼 구조이며, 가장 가벼운 공으로 타구감은 3~4 피스 공보다 떨어지지만 가벼운 공으로 초보자가 사용하기에는 편리하며, 가벼워서 비거리 전용으로 사용되기도 한다.

③ 3피스 공(3 piece ball)

3겹으로 만든 구조이며, 부드러운 타구감과 임팩트 시 충격이 적고, 컨트롤이 좋아서 많이 사용되고 있다.

④ 4피스 공(4 piece ball)

4겹으로 만든 구조이며, 공의 무게중심이 중앙에 있다. 방향성이 좋고 어프로치 시 공을 잘 컨트롤 할 수 있어 정확히 보낼 수 있는 장점이 있으며, 비거리를 보강한 공이라고 할 수 있다.

2) 공(Ball)의 선택기준

① 공 무게의 선택기준

공의 무게가 94~95g 정도가 많이 사용되었으나 최근에는 90g 전후의 가벼운 공이 인기가 있다.

무게가 가벼운 공은 출발속도가 빠르고 비거리가 많이 나오기 때문에 힘이 약하

신 분, 여성분, 초보자들이 선호하고 있다. 또한, 러프, 페어웨이, 잔디가 길은 곳에서는 공이 잔디 속으로 들어가지 않기 때문에 컨트롤 하기가 유리하다.

② 개인 공의 선택기준

파크골프 공은 나에게 적합한 공을 선택하는 것이 중요하다.

- 2피스 공 : 거리를 내고 싶은데 파워가 부족한 사람이 선택
- 3피스 공 : 샷을 할 때 타격감이 부드러운 것을 원하는 사람이 선택

2.4 파크골프(Parkgolf) 복장

1) 세련된 복장

기본적으로 단정하고 깔끔한 차림의 복장은 가장 세련된 모습으로 보일 것이며, 땀 흡수력이 좋고 통풍이 잘 되고 활동하기 좋은 복장을 갖추면 될 것이다.

자신의 아름다움을 나타내며, 자신감 넘치는 옷차림을 하고 경기하는 모습은 생동감을 느끼게 할 것이다.

2) 매너(Manner)가 불량인 경우

① 상의의 단추를 풀어 놓은 경우

② 상의를 벗어 허리에 묶고 다니는 경우

③ 수건을 목에 두르는 경우

④ 얼굴을 감싸서 전혀 알아볼 수 없는 경우 등

3) 기타 필요한 소품

① 모자 : 모자를 쓰는 목적은 안전사고 방지와 체온유지, 머리보호와 햇빛을 차단하기 위한 것이며, 자신의 개성을 나타내며 복장을 완성하는 훌륭한 악세사리이다.

② 장갑 : 장갑은 그립의 미끄러움을 방지하여 스윙을 안정적으로 할 수 있게 하며, 손에 물집이 생기는 부상을 예방한다.

③ 신발 : 신발은 운동화나 골프화 사용이 가능하며, 이외의 신발(등산화, 장화, 구두, 슬리퍼, 부츠 등)을 신으면 잔디나 그린이 훼손될 수 있기 때문에 사용을 금지한다.

제3장

파크골프장 구성

3.1 홀(Hole) 구성

1) 파크골프장

   파크골프장은 9개 홀을 1개 코스로 구성한다.

   예, 9홀은 1개 코스(A 코스)

   　　18홀은 2개 코스(A 코스, B 코스)

   　　27홀은 3개 코스(A 코스, B 코스, C 코스)

   　　36홀은 4개 코스(A 코스, B 코스, C 코스, D 코스)

2) 1개 코스(Course)의 홀(Hole) 구성

홀	개수	길이	합계 타수
Par3(쇼트 홀)	4개	40~60m	12타
Par4(미들 홀)	4개	60~100m	16타
Par5(롱 홀)	1개	100~150m	5타
합계	9개	500~790m(1개 코스)	33타(기준타수)

※ 1개 코스 면적 : 약 2,500평 이상

3.2 파크골프장의 시설물

경기장은 티잉 그라운드, 페어웨이, 러프, 벙커, 워터 해저드, 그린, 홀과 기타 지역으로 되어 있다. 경기장의 경계는 선이나 말뚝으로 표시하며, 경계선 밖은 경기가 금지된 OB 지역으로 벌타가 부가된다.

1) 파크골프장 안내판
　① 파크골프장 입구에 설치한 고정 설치물이다.
　② 파크골프장의 현황과 각 홀의 배치상황 등을 쉽게 알 수 있도록 알려 주는 안내판이다.

2) 티잉 그라운드(Teeing ground)
　① 각 홀의 시작하는 장소를 말하며, 제1타를 치기 위해 공을 올려놓을 수 있는 지역으로 지정되어 있는 장소이다. 티 위에 공을 놓고 티 샷을 하는 것은 저항을 적게 하여, 거리와 방향성을 좋게 하기 위한 것이다.
　② 티 높이는 2.3cm 이하, 티잉 그라운드 크기는 1.5m×1.5m, 2m×2m로 정해져 있으며, 티를 놓는 위치는 목표방향이 오른쪽이면 왼쪽에, 왼쪽이면 오른쪽에 놓는 것이 유리하다.
　③ 티 샷 시 연습 스윙은 1회 정도를 하며, 경기자는 티 샷을 하기 전에 공의 진행방향과 스윙 반경 내의 안전을 확인한 후 샷을 하여야 한다.
　④ 한 조가 처음 티 샷을 한 경우에는 나머지 동반자는 경기자의 앞쪽(홀컵을 기준으로 4~6 시)에서 떨어져 대기하는 것이 안전하다고 할 수 있다.
　⑤ 경기자의 왼쪽에 서 있다가 스윙 시 클럽 헤드에 타격을 당하던가, 클럽을 놓쳐서 동반자의 몸에 맞는 경우가 발생할 수 있다.

3) 페어웨이(Fairway)

① 페어웨이는 파크골프장 전체 지역에서 티잉 그라운드 지역, 그린 지역, 러프, 해저드 지역을 뺀 지역을 말한다.

② 페어웨이는 홀마다 그린(깃대) 방향으로 공이 잘 굴러가도록 유도하는 길이며, 3cm 정도의 잔디 길이를 유지하고, 그 폭은 3m 이상인 잔디 구역이다.

4) 러프(Rough)

① 홀마다 페어웨이의 좌우 바깥으로 잔디길이가 5cm 이상 또는 긴 풀로 형성되어 공이 나가는 것을 제한한다.

② 러프 지역은 다음 샷을 어렵게 하여 난이도를 높여 주는 지역이다.

5) 벙커(Bunker)

① 벙커는 페어웨이 또는 그린 주변에 난이도를 높여 주기 위하여 설치한 설치물이다.

② 벙커 내부에는 모래 등을 채운다.

③ 종류는 보통 페어웨이에 있는 크로스 벙커, 사이드 벙커, 그린 주변의 그린 벙커가 있다.

6) 워터 해저드(Water hazard)

① 워터 해저드는 말뚝 상단에 5cm 적색으로 표시하고, 호수, 연못, 강, 하천, 배수로 등으로 물의 유무와 관계가 없는 수역을 말한다.

② 파크골프장의 코스 주변에 자연경관과 쾌적함을 제공하는 시설물로써 홀의 난

이도를 제공해 준다.

7) 그린(Green)

① 그린은 홀 컵을 중심으로 지름이 약 5m 정도인 타원형 크기의 형태로 조성된 지역이다.

② 잔디 길이는 2cm 이내이거나 인조 잔디로 조성된다.

③ 그린의 경사는 15도 이내로 조성하여 경기가 재미 있도록 한다.

8) 홀 컵(Hole cup)

① 홀 컵은 그린의 표면 1cm 아래에 설치한 고정 설치물이다.

② 홀 컵의 규격은 지름이 20cm, 홀의 깊이는 10cm 이며, 최종적으로 공을 넣는 원통이다.

③ 홀 컵의 내부 바닥은 지면과 공간이 형성되게 하여, 공이 홀 인 될 때 "땡그랑" 소리가 나게 만든다.

9) 깃대(Pin)

① 깃대(핀)는 그린 위의 홀 컵에 꽂혀 있는 고정 설치물이다.

② 깃대(핀)는 해당 홀의 홀 인 위치를 알려 주는데, 길이는 2~2.5m이다.

③ 깃발의 숫자(1~9)는 몇 번째 홀인지를 표시한다.

④ 깃발은 코스별로 A 코스는 적색, B 코스는 청색, C 코스는 황색, D 코스는 백색을 사용한다.

3.3 파크골프장의 설치물

1) 홀(Hole) 표지판

① 홀 표지판은 홀마다 티잉 그라운드 주변에 설치하며, 해당 홀의 기본 제원을 표시한다.

② 홀 표지판은 몇 번째 홀이며, 기준타수와 거리가 몇 m인가를 알려준다.

③ 홀 표지판에 표시된 A-1, Par3, 50m의 의미는 A코스 첫 번째 홀로써 기준타수는 3타이며, 거리는 50m를 나타내는 것이다.

2) 공 거치대(Ball stance)

① 1번 홀 주변에 설치하는 고정 설치물이다.

② 각 조별 조장이 공을 공 거치대에 올려놓아 출발 순서를 자동으로 결정하는 설치물이다.

3) 순서 뽑기

① 1번 홀 주변에 설치하는 고정 설치물이다.

② 조원끼리 티 샷의 순서를 정하는데 사용한다.

4) OB 말뚝

① OB 말뚝은 파크골프장에서 인접 홀이나 잡초 등으로 경기가 불가능하여 경기를 금지하는 구역에 설치한다.

② 홀마다 OB 말뚝을 20~30m 간격으로 좌·우측과 그린 주변의 필요한 위치에 설치하여 홀 지역을 알려준다.

③ OB 말뚝은 백색, 직경 4cm 정도, 길이 40cm로 설치한다.

5) OB 라인(OB line)

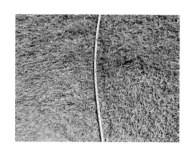

① OB 라인은 벌타인지, 아닌지를 판단하는 선이다.
② OB 라인은 Out of Bounds, 즉 코스의 경계라는 뜻이다.
③ OB 라인의 경계를 넘어가면 OB라고 하고, 2벌타를 부과한다.

6) 안전망

① 파크골프장의 페어웨이가 좁거나 티잉 그라운드와 다른 홀 컵의 그린 지역이 있는 경우에는 경기자의 안전을 위하여 안전망을 설치한다.
② 설치한 안전망 앞에 OB 라인을 설치하여 벌타를 적용할 수도 있고, 안전망 그대로 상태를 활용할 수도 있다.
③ 경기 중에 공이 인접 홀로 가면 경기방해로 지연되기 때문에, 안전망은 방해가 되지 않도록 하는 역할을 한다.
④ 안전망 아래 부분에 공이 있을 경우, 오른손잡이인 경우는 왼손으로 샷을 하거나 펀치 샷 등을 하는 것이 좋다.
   안전망의 높이가 비교적 낮은 경우는 망을 넘어가서 샷을 하면 되는데, 안전망을 치고 공을 치면 2벌타가 가산된다. 그러나, 공을 먼저 치고나서 안전망을 치면 상관이 없고, 안전망을 걷어 올리면서 공을 치면 2벌타가 부여된다.

7) 맨홀(Manhole)

① 우천 시 파크골프장 코스 내에 배수가 빠르게 되도록 맨홀(뚜껑)을 설치한다.
② 샷한 공이 맨홀 위나 주변에 붙어 있어서 샷을 하기가

어려운 경우는 구제를 받는다.

③ 구제는 홀 컵에 가깝지 않은 위치로 2클럽 이내로 이동하여 샷을 할 수 있으며, 이 경우에는 2벌타를 부과하지 않는다.

8) 언덕(Slope)

① 언덕은 페어웨이에 설치된 작은 흙 무더기의 장애물이다.

② 언덕은 경기의 난이도를 높여 주는 지역이다.

9) 수리지(Ground under repair)

① 수리지는 파크골프장 일부 지역에 잔디 보수공사로 경기를 금지하는 구역이다.

② 수리지는 상단에 청색으로 표시한 백색 말뚝을 설치하고, 백색선으로 수리지 표시를 한다.

③ 수리지 내에 공이 들어가면 OB 지역에 들어간 공과 같이 2벌타를 적용한다.

10) 도그 레그 홀(Dog leg hole)

① 홀 중에서 페어웨이가 개의 뒷다리 같이 오른쪽이나 왼쪽으로 구부러진 상태의 홀이다.

② 도그 레그 홀에서는 오른쪽으로 꺾어진 홀이라면 왼쪽에 티를 놓고, 티 샷을 하여야 한다.

③ 도그 레그 홀에서는 구부러진 쪽에 적색 말뚝을 설치하고, 적색 말뚝의 오른쪽으로 공이 지나가면 2벌타를 부여한다.

11) 코스(Course)

① 코스는 경기가 허용되는 파크골프장 전체 구역을 말하는 것이며, 코스는 9홀을 기본단위로 하고 있다.

② 9홀의 표준타수는 33타이며, 18홀이면 66타가 되는 것이다.

③ 코스에는 티잉 그라운드, 페어웨이, 그린 지역, OB 지역, 벙커 지역, 러프, 해저드, 홀 컵 등이 전부 들어있는 것이다.

3.4 파크골프장의 운영관리

1) 디봇(Divot)

① 경기장의 관리가 부족하여 잔디가 파인 부분을 말한다.

② 파크골프 경기규칙에는 디봇은 벌타없이 구제가 될 수 없으며, 그대로 경기를 진행하도록 되어 있다.

③ 공이 디봇에 들어갔을 때 중요한 것은 당황하지 말고 평정심을 유지하면서 스윙의 실수를 줄이는 정확한 스윙을 하여야 한다.

④ 경기 중에 공이 디봇에 들어간 경우

　- 준비자세는 평소와 같은 스탠스로 한다.

　- 공의 위치는 중앙에 위치시키고, 스윙 중 체중은 5:5로 배분한다.

　- 셋업 시 벙커에서와 같이 클럽 헤드를 가볍게 들고 준비자세를 한다.

　- 평소와 같은 스윙이라고 생각하며 헤드 업을 하지 않도록 주의하고, 공을 정확히 임팩트 하는 것에 신경을 써야 한다.

2) 구장의 운영관리

① 파크골프장은 잔디의 상태와 유지보수가 중요하다.

② 잔디 관리는 배수, 토양 조성, 비료 살포 등이 중요하다.

③ 다양한 시설물의 정기적인 점검과 유지보수가 필요하다.

④ 경기자들의 안전을 보호하기 위해서는 안전규칙을 지키는 것이 중요하기 때문에 안전교육을 실시하고, 안전규칙을 준수하도록 유도를 하여야 한다.

⑤ 환경보호는 운영관리를 위한 필수적인 요소이므로, 환경오염 방지 등을 고려하여야 한다.

⑥ 파크골프장 운영은 상기 문제들을 해결하기 위하여 전문지식과 기술을 갖춘 전문인력을 고용하여야 한다.

3) 잔디 높이 기준

여름철에는 잔디가 너무 빨리 성장하므로, 최소한 1주일 이내에 잔디를 깍아 줄 필요가 있다.

① 페어웨이는 3cm 정도의 길이

② 그린 지역은 2cm 이내

③ 러프 지역는 5cm 이상

3.5 파크골프장 체육시설 신설

① 파크골프가 한국에 보급된지 20년만에 명시적 법적조건을 갖춘 체육시설로 신설되어, 파크골프의 미래를 위한 법적 근거가 만들어졌다.

② 따라서, 지방자치단체 또는 민간인이 파크골프장을 조성하고 사업을 할 수 있도록 법적 근거를 만들고, 그린 벨트에 파크골프 경기장을 조성할 수도 있다.

③ 2024년 6월 18일자로 파크골프장이 체육시설 설치 이용에 관한 시행령이 공포됨에 따라 파크골프장의 건설 등에 큰 발전을 이루었다.

④ 파크골프장도 체육시설의 설치 이용에 관한 법률에 체육시설로 분류, 명시 됨에 따라, 일반 골프장과 같이 임야에 개발설치가 가능하게 되었다.

제4장

파크골프(Parkgolf) 경기의 기본자세

4.1 파크골프 그립(Parkgolf grip)

1) 그립(Grip) 잡는 방법

① 두 손의 엄지손가락은 그립 위에 11자로 올려놓고, 오른손은 왼손을 아래로 누르면서 두 손이 하나로 밀착되도록 압력을 준다.

② 파크골프는 힘을 빼고 가볍게 잡은 그립으로 임팩트에서 클럽 헤드의 파워를 가할 수 있는 경우에는 방향성과 거리감도 좋아진다.

③ 그립의 악력은 스윙의 시작부터 끝까지 일정하게 잡도록 노력을 하여야 하며, 손아귀로 잡는 힘을 말한다.

그립을 잡는 악력을 최고 (10)이라 가정할 경우
- 왼손은 절반 정도의 힘 5로 잡고
- 오른손은 왼손의 절반 정도, 즉 3 정도의 힘으로 그립을 잡는다.

④ 그립을 잡을 때 힘을 가장 많이 주어야 하는 손가락은 왼손 새끼손가락과 넷째손가락이며, 오른손은 엄지, 검지, 중지 손가락으로 가볍게 잡고, 클럽 헤드의 무게를 느껴야 한다.

⑤ 티 샷은 그립을 잡은 악력의 60~70% 정도가 적당하며, 퍼팅 시는 50% 정도의 힘으로 스윙을 하는 것이 좋다.

⑥ 그립을 잡는 경우, 오른손이 왼손보다 아래쪽을 잡기 때문에, 오른쪽 어깨는 자연스럽게 내려가게 된다.

⑦ 그립을 바르게 잡는 방법은 올바른 스윙 동작의 시작이기 때문에, 초심자는 정기적으로 그립 잡는 방법을 확인할 필요가 있다.

2) 그립(Grip)의 종류

① 오버래핑 그립(Overlapping grip)
- 가장 많이 사용하는 방법으로, 오른손 새끼손가락을 왼손 검지나 검지와 중지손가락 사이 위에 놓는 그립 방법이다.

- 이 경우, 양손의 엄지는 샤프트와 일직선이 되도록 한다.
- 그립을 잡은 양손의 일체감이 좋고, 공에 맞는 헤드의 유연성이 좋다.
- 그립을 잡을 때 손가락 하나가 줄어든 모습으로 손가락 전체를 자연스럽게 꺽을 수 있어서 스윙 속도가 증가된다.

② 인터록킹 그립(Interlocking grip)

- 왼손 검지손가락을 오른손의 약지와 새끼손가락 사이로 끼워서 잡는 그립 방법이다.
- 일반적으로 손이 작은 사람이나 비교적 힘이 약한 사람, 또는 여성들에게 알맞은 방법이다.
- 양손의 일체감이 높아서 안정적인 스윙은 가능하나 클럽 헤드의 유연성이 둔해지는 경향이 있다.

③ 베이스볼 그립(Baseball grip)

- 두 손의 손가락 모두로 감아잡는 그립 방법이다.
- 두 손의 일체감이 떨어지고, 공의 방향성이 좋지 않은 경향이 있는데, 예상 외로 베이스볼 그립을 사용하는 경기자가 많다.
- 야구방망이 잡는 형태이며, 공이 맞는 임팩트 시에는 아주 강하게 칠 수 있는 장점이 있다.
- 공에 힘을 전달하기 쉬운 방법으로 양손의 균형을 유지하는 것에 주의하고, 특히 양손을 밀착시키고 오른손이 스윙을 주도하지 않도록 주의를 해야 한다.

4.2 파크골프 스탠스(Parkgolf stance)

1) 스탠스(Stance)
① 스탠스는 경기자가 공을 치기 위하여 두 발을 제 위치에 놓는 자세를 말한다.

② 발의 위치는 가장 표준적인 자세로 어깨넓이 정도로 벌리고, 체중은 두 발에 균등하게 한다.

2) 두 발의 간격

① 두 발의 간격은 대체적으로 개인의 어깨넓이 만큼이 적당하며, 공을 보내야 하는 거리나 주어진 상황을 해결하기 위하여 좁게 하거나 넓게 할 수 있다.

② 짧은 거리의 홀에서는 어깨넓이 정도로 서고, 장거리 홀에서는 어깨넓이 보다 조금 넓게 서도록 한다.

3) 스탠스(Stance) 종류

① 스퀘어 스탠스(Square stance)

가장 많이 사용하는 표준형이며, 두 발이 같은 위치로 11자형이다.

두 발의 위치를 연결했을 때, 홀의 깃대 방향으로 평행하게 되어 있어야 한다.

② 오픈 스탠스(Open stance)

왼발이 뒤쪽으로 발길이 반만큼 열려 있는 상태이다.

③ 클로즈 스탠스(Close stance)

왼발이 앞쪽으로 발길이 반만큼 나가 닫혀 있는 상태이다.

4) 퍼팅 스탠스(Putting stance)

① 퍼팅의 준비자세에서 자신의 체형에 맞는 스탠스 넓이로 스탠스를 취하는 것은 안정한 퍼팅에 도움이 되며, 퍼팅을 성공적으로 잘 할 수 있도록 해 준다.

② 퍼팅은 스윙 크기가 작다고 하여 스탠스와 준비자세를 쉽게 생각해서는 안 되며, 자신에게 편안한 스탠스 넓이로 준비자세를 하면 퍼팅의 성공률을 높일 수 있다.

4.3 파크골프 스윙(Parkgolf swing)

1) 단계별 스윙(Swing) 동작

　① 1단계 : 준비자세(Address)

　준비자세는 공을 치기 전에 목표방향과 몸을 정렬시키는 자세로 준비하는 행위를 말하다.

　② 2단계 : 테이크 백(Take back)

　양쪽 겨드랑이를 옆구리에 붙이고 스윙의 반대방향으로 이동하는 동작이며, 그립을 가볍게 잡고 오른쪽 어깨가 약간 낮은 자세로 허리와 등을 곧게 펴고, 안정된 자세를 만들어야 한다.

　③ 3단계 : 백 스윙(Back swing)

　백 스윙은 준비자세 이후 공을 치려고 클럽을 뒤로 끌어올리는 동작이며, 다운 스윙의 시작으로 정확하고 강한 임팩트를 만들기 위해서 필요한 동작이다.

　④ 4단계 : 백 스윙 정점(Top of back swing)

　스윙을 하기 위해 두 손과 두 팔이 클럽과 함께 스윙의 반대방향으로 이동하는 정점을 말하며, 백 스윙의 정점에서 잠깐(1초 정도) 멈추는 느낌을 갖는 것이 좋다.

　⑤ 5단계 : 다운 스윙(Down swing)

　하체는 오른쪽 발바닥에서 왼쪽 무릎과 발목으로 하체의 중심을 이동시키며, 상체는 머리를 고정시키고, 시선은 공을 주시하면서 클럽이 힘차게 공을 향하도록 쭉 밀어준다.

⑥ 6단계 : 임팩트(Impact)

두 발을 지면에 고정한 상태에서 오른발의 체중을 왼발로 이동하며, 시선은 공을 보면서 빠르고 강하게 공을 정확히 가격한다.

⑦ 7단계 : 폴로 스루(Follow through)

폴로 스루는 클럽 헤드가 목표방향으로 나가는 단계로, 두 팔의 3각형을 유지하면서 더 크게 쭉 펴주는 것이 좋다.

⑧ 8단계 : 피니쉬(Finish)

피니쉬는 스윙의 마무리 단계로, 시선은 전방을 주시하여야 하며, 하체의 무게중심은 왼쪽 발의 고관절과 발바닥에 모이도록 하여야 한다.

2) 스윙(Swing)의 비법
① 그립을 가볍게 잡고 쳐야 멀리 가기 때문에, 손목에 힘을 빼야 한다.
② 리듬에 맞추어 일관성 있게 샷을 해야 하기 때문에 몸의 움직임을 줄여야 한다.
③ 거리와 방향성을 보장받기 위하여 머리의 위치를 고정시켜야 한다.
④ 빨리 하면 오버 스윙의 실수가 발생할 수 있기 때문에, 백 스윙은 천천히 해야 한다.
⑤ 몸을 빠르게 움직이면 실수가 발생할 수 있기 때문에, 다운 스윙은 유연하게 하여야 한다.
⑥ 임팩트 순간은 준비자세와 같은 자세가 되게 하여야 한다.
⑦ 퍼 올리지 말고, 임팩트 순간에 클럽 헤드를 낮게 유지하여야 한다.

4.4 단계별 스윙(Swing) 동작의 요령

1) 스윙(Swing)의 1단계 : 준비자세(Address)
① 준비자세의 요령
- 두 발의 간격을 어깨넓이 만큼 벌리고, 양쪽 발바닥의 모양이 11자가 되도록

한다.

- 상체를 30도 정도의 각도로 앞으로 숙인다.
- 본인에 적합한 그립을 잡고, 몸을 깃대 방향으로 바르게 정렬한다.
- 공을 클럽 헤드 면의 중앙에 위치하도록 하고, 오른쪽 어깨가 왼쪽 어깨보다 약간 처진 상태로 3각형 모양이 유지되도록 한다.

② 준비자세 시 공의 위치
- 티 샷에서 공의 위치는 왼발 앞에 둔다.
- 페어웨이에서 공의 위치는 두 발의 가운데에 둔다.
- 러프, 벙커에서 공의 위치는 오른발 앞에 둔다.

③ 준비자세와 공의 구질
- 파크골프에서는 공의 위치를 이용하여 밀어치거나 끊어치며, 조금씩 다른 구질을 만들어 낼 수 있다.
- 준비자세 시 공이 왼발쪽에 있으면 클럽 헤드가 손보다 먼저 움직여서 공을 부드럽게 맞추게 되어, 경사를 따라 굴러가는 것이 유리하다.
- 반대로 공이 오른발쪽에 있으면 손보다 클럽 헤드가 늦게 나오면서 강하게 치게 되어 직선 타구를 만드는데 유리하다.

2) 스윙(Swing)의 2단계 : 테이크 백(Take back)
① 테이크 백(Take back)
테이크 백은 클럽을 뒤로 끌어올리는 단계로, 왼쪽 어깨와 팔이 스윙을 주도하며, 양팔을 3각형과 양손의 손목 각도를 유지하면서 3시 방향으로 천천히 낮게 움직인다.

② 테이크 백(Take back)의 요령
- 테이크 백이 정확해야 정확한 스윙 궤도를 만들 수 있다.

- 오른쪽 어깨가 왼쪽 어깨보다 처진 상태로 백 스윙이 시작되어야 테이크 백 자세가 가능해진다.
- 백 스윙을 할 때, 양손이 오른쪽 무릎에서 10~20cm의 간격을 유지해야 테이크 백의 공간이 형성된다.

3) 스윙(Swing)의 3단계 : 백 스윙(Back swing)
 ① 백 스윙(Back swing)의 크기
  - 백 스윙의 크기로 공을 보내는 거리를 파악할 때 홀을 공략하기가 쉬우며, 스윙을 정교하게 하기 위해서는 여유있게 스윙을 하여야 하며, 임팩트 후 자신의 클럽 헤드가 원하는 목표방향을 지켜 주어야 한다.
  - 스윙의 크기로 거리를 조정하는 경우가 일반적이지만 더욱더 안정된 거리감을 갖고 싶다면 자신의 스윙 크기에 따라 스윙의 속도에 변화를 주는 것이 좋은 방법이며, 스윙 크기에 따라 스윙 속도를 조금씩 다르게 하여야 한다.
  - 조금더 정확한 샷을 원할 때에는 100%가 아닌, 90% 또는 80%의 힘으로 스윙을 조절하는 것이 좋으며, 아주 강하게 스윙을 하려고 힘을 세게 주면 오히려 거리와 방향을 잃게 되는 실수가 발생할 수 있다.
    a. 1/4 스윙(Quarter swing)
      그립을 잡은 양손의 위치는 오른쪽 무릎에서 오른쪽으로 20cm 뒤로하여 멈추고, 양발의 체중 비율은 50:50으로 한다. 이 때, 스윙 시 거리는 30m 정도이다.
    b. 1/2 스윙(Half swing)
      그립을 잡는 양손의 위치는 오른쪽 허리높이까지 와야 하며, 양발의 체중 비율은 45:55로 한다. 이 때, 스윙 시 거리는 40~50m이다.
    c. 3/4 스윙(Three quarter swing)
      그립을 잡은 양손의 위치는 오른쪽 어깨높이까지 와야 하며, 양발의 체중 비율은 40:60으로 한다. 이 때, 스윙으로 보낼 수 있는 거리는 60~70m 정도이다.

d. 풀 스윙(Full swing)

그립을 잡는 양손의 위치는 오른쪽 어깨와 목 사이이며, 양발의 체중 비율은 30:70으로 한다. 이 때, 스윙으로 보낼 수 있는 거리는 70m 이상이다.

② 백 스윙(Back swing) 요령
- 백 스윙의 시작은 오른쪽 안쪽에 긴장감이 느껴지도록 오른쪽 다리를 안정되게 만들어 주면, 백 스윙을 쉽게 효과적으로 할 수 있다.
- 백 스윙은 클럽이 지면과 평행을 유지할 때, 샤프트가 목표방향과 평행하게 왼쪽을 가리키도록 하면 파워효과가 증대될 수 있다.
- 체중은 백 스윙 시 오른발로 체중을 이동하여야 하며, 왼손은 오른쪽 골반 높이까지 일직선으로 밀어야 한다.
- 백 스윙 시 거리를 늘리려면 백 스윙을 천천히 시작하여 임팩트 시 공을 가격하는 클럽 헤드의 속도를 높여 주어야 한다.
- 백 스윙 시 왼팔을 펴 주면 오버 스윙의 실수가 없어지게 되고, 몸통이 함께 하는 백 스윙을 할 수 있게 되어, 다운 스윙 시 강력한 힘을 발생할 수 있다.

4) 스윙(Swing)의 4단계 : 백 스윙 정점(Top of back swing)
① 백 스윙 정점(Top of back swing)
백 스윙 정점의 동작은 오른쪽 다리와 골반을 준비자세 때와 같이 유지하고, 오른발에 체중을 70% 이상 실어주어야 한다.

② 백 스윙 정점(Top of back swing)에서 요령
- 백 스윙의 정점에서 잠깐(1초 정도) 멈추면 백 스윙과 다운 스윙의 동작이 분리되면서 스윙 전체의 템포가 좋아진다.
- 백 스윙 정점에서 피니쉬까지 완벽한 스윙 동작을 위하여 양쪽 무릎의 균형을 유지할 때, 공을 정확하게 임팩트 할 수 있다.
- 파워 스윙은 오른손 엄지와 검지로 클럽 헤드의 무게를 느끼며, 백 스윙 정점

에서 다운 스윙을 시작할 때에 클럽 헤드의 무게를 이용하여야 한다.

5) 스윙(Swing)의 5단계 : 다운 스윙(Down swing)

① 다운 스윙(Down swing)

다운 스윙은 클럽이 지면과 평행인 지점까지 왔을 때, 클럽 헤드 면은 정면이 아니라 살짝 바닥을 향하고 있어야 하며, 왼쪽 손등은 공과 목표를 가리키며 클럽 헤드 면이 공을 정확하게 타격할 때, 좋은 방향을 얻을 수 있다.

② 다운 스윙(Down swing) 요령

- 머리의 위치는 공 뒤에 두고, 왼팔과 샤프트가 일직선이 되어야 임팩트 시 클럽 헤드 면이 직선으로 나갈 수 있다.
- 헤드 업(Head up)의 방지를 위해서는 준비자세부터 임팩트 시까지 머리높이를 일정하게 유지하고, 시선은 공 뒤에 위치시켜야 한다.
- 스윙을 몸통으로 하려고 하면 팔과 손은 몸통과 함께 움직이도록 하여 클럽을 휘두를 때 클럽 헤드의 속도가 증가하고, 임팩트가 정확하게 되어 거리와 방향성이 좋아진다.
- 클럽 헤드의 속도를 강력하게 보내기 위해서는 코킹이 쉽게 풀리지 않도록 손목의 각도를 유지하고, 오른발 허벅지쪽에서 풀어주면서 던질 때 큰 비거리를 얻을 수 있다.
- 다운 스윙 시 파워 상승 유형

  a. 주로 두 팔에 힘을 주어 스윙을 하는 방법

  거리는 많이 나지 않지만 정확성이 높으며, 주로 여성, 초보자가 많이 활용한다.

  b. 주로 어깨에 힘을 주어 스윙을 하는 방법

  상당히 큰 힘을 낼 수 있으나 반면에 방향성은 불안하다.

  c. 주로 엉덩이 쪽에 힘을 주어 스윙을 하는 방법

6) 스윙(Swing)의 6단계 : 임팩트(Impact)

① 임팩트(Impact)

임팩트는 클럽 헤드의 속도가 공을 때리는 순간으로, 임팩트의 크기를 증가시키려면 몸의 동작을 멈추어 주어, 클럽 헤드가 순간적으로 강력한 속도를 낼 수 있도록 하여야 한다.

② 임팩트(Impact) 요령

- 임팩트를 위해서는 두 손이 잡은 그립 끝을 왼쪽 무릎까지 끌고 내려온 후, 하체를 이용하여 클럽 헤드를 이동시킬 때, 일관된 임팩트를 만들 수 있다.
- 임팩트 직전의 동작은 그립을 잡은 두 손이 공보다 목표방향으로 먼저 지나간 다음에, 클럽 헤드가 공을 지나가며 임팩트가 이루어져야 한다.
- 임팩트를 강하게 하려면 오른발은 지면을 누르는 압력과 왼쪽 무릎은 땅을 밀면서 밀어주는 두 동작이 동시에 진행되어야 한다.
- 스윙 시 시선이 공에 오래 머물러 있도록 하는 방법은 공 표면의 작은 글씨나 마크를 오래 보려고 노력하며, 임팩트 시 머리의 움직임을 작게 하는 스윙을 하여야 한다.

7) 스윙(Swing)의 7단계 : 폴로 스루(Follow through)

① 폴로 스루(Follow through)

공을 친 후에도 클럽 헤드가 스윙의 끝인 피니쉬까지 진행하는 것을 말하며, 공의 효과를 좋게 하기 위해서는 폴로 스루가 정확하게 이루어져야 한다.

② 폴로 스루(Follow through) 요령

- 폴로 스루 시 공이 떠난 자리를 너무 오래 지켜보지 말고, 자연스러운 동작을 취하는 것이 좋다.
- 거리가 조금 나가더라도 안전한 곳으로 공을 보내기 위해서는 임팩트 시 머리를 공 뒤쪽에 위치시켜야 하고, 왼팔과 샤프트가 일직선을 유지한 상태로 폴

로 스루가 이루어져야 한다.
- 머리가 공 앞쪽으로 움직이게 되면 임팩트 시 클럽 헤드 면과 공이 같은 방향으로 이동하는 시간이 짧아져서 방향성과 거리를 잃게 되므로 주의를 해야 한다.
- 팔과 머리가 조화를 이루어 클럽 헤드가 왼손을 앞질러 나가지 않도록 하여, 임팩트 시 두 팔의 3각형 모양을 만들어 왼손과 샤프트를 일직선으로 유지시킬 때, 클럽 헤드 면이 목표방향으로 공과 직각을 유지하게 되어 공이 똑바로 날아갈 수 있게 된다.

8) 스윙(Swing)의 8단계 : 피니쉬(Finish)
  ① 피니쉬(Finish)
    피니쉬 자세는 스윙의 완성단계로, 부상방지와 스윙의 리듬을 살려 주는데, 꼭 필요한 동작이다.

  ② 피니쉬(Finish) 요령
    - 안정된 피니쉬 동작은 체중을 왼발에 90% 이상 실어주며, 회전축이 되는 왼발 쪽으로 체중을 이동시켜 줄 때, 좋은 스윙이 될 수 있다.
    - 단거리 피니쉬는 두 발을 지면에 붙이며, 폴로 스루에서 두 팔을 쭉 펴서 멈춘다.
    - 장거리 피니쉬는 오른발 뒷금치를 지면에서 떼고, 왼발에 벽을 만들어 두 팔을 쭉 펴면서 클럽을 휘둘러 주어야 한다.

4.5 스윙(Swing)의 중요한 기술

1) 스윙(Swing) 시 양팔의 3각형 유지
  ① 스윙의 준비자세부터 피니쉬 자세까지 어깨와 양팔이 만들어내는 3각형 모양은 정확한 스윙의 출발이라고 할 수 있다.
  ② 3각형을 유지하는 중요한 핵심은 양쪽 팔꿈치를 내 몸 앞에 두고 있는 상태를 계속 유지시킬 때 가능하다고 할 수 있다.

③ 준비자세부터 피니쉬까지 3각형 모양을 유지하려는 생각만으로도 좋은 스윙 동작을 쉽게 얻을 수 있다.

2) 좋은 스윙(Swing) 기술

① 임팩트 시 클럽 헤드는 공의 중심방향으로 밀어주어야 한다. 이를 위하여 중요한 것은 몸통운동의 뒷받침인 왼손과 팔이다.
② 클럽 헤드가 공의 중심방향에 수직으로 정확히 맞추어 주어야 공을 원하는 방향으로 보낼 수 있다.
③ 클럽 헤드 면의 중앙에 공을 맞추도록 노력을 하여야 한다.

3) 올바른 스윙(Swing) 방법

① 그립을 잘 잡고, 좋은 스윙을 위한 자세를 유지하여야 한다.
② 다운 스윙을 시작할 때 올바른 체중 이동을 하여야 한다.
③ 백 스윙은 상체가 주도하고, 다운 스윙은 하체가 주도하도록 한다.
④ 다운 스윙에서는 왼팔을 펴야 한다.
⑤ 정확한 임팩트를 위해서 클럽 헤드를 가속시켜야 한다.
⑥ 스코어를 낮추기 위한 생각을 하여야 한다.

4) 실력 향상을 위한 스윙(Swing) 비법

① 몸은 긴장을 풀고, 편안한 준비자세를 취한다.
② 백 스윙은 낮고 길게 천천히 하는 동작으로, 왼쪽 어깨가 턱 밑까지 이동하도록 한다.
③ 백 스윙 정점에서 왼쪽 겨드랑이를 조이며, 코킹을 완전히 한다.
④ 다운 스윙은 다리, 골반, 허리로 하며, 클럽 헤드가 최저점에서 올라가며, 서서히 가속시켜 공을 맞추도록 한다.
⑤ 임팩트 순간 체중은 왼쪽 다리에 싣고, 머리는 공 뒤에 두어야 한다.
⑥ 임팩트 순간 시 왼쪽에 견고한 벽을 쌓고, 왼팔을 쭉 펴도록 한다.

⑦ 공을 때리려 하지 말고, 클럽 헤드를 휘두르는 동작을 한다.

⑧ 임팩트 후에도 클럽 헤드의 속도를 늦추지 말고, 공이 떠난 자리를 보며 폴로 스루를 길게 한다.

⑨ 빈 스윙 연습 방법은 스윙에 필요한 근육을 몸이 쉽게 기억하도록 하는 효과가 우수하기 때문에, 생활 주변의 공간에서 연습하는 것도 좋다.

5) 헤드 업(Head up)을 고치는 방법

① 경기자의 머리는 끝까지 공을 보고, 스윙의 임팩트 후에도 시선과 머리는 공을 보고 있어야 한다.

② 헤드 업을 금지하는 주요 요점은 "준비자세나 임팩트 시 머리높이가 같아야" 임팩트 시 팔을 쭉 뻗을 수 있고, 정확한 스윙으로 임팩트가 가능하다.

③ 다운 스윙 시 머리를 항상 공 뒤쪽에 위치시키면 공을 오랫동안 볼 수 있으며, 자연스럽게 헤드 업을 방지할 수 있다.

④ 조금더 긴장을 풀고 연습 스윙이라고 생각하면서 다운 스윙을 할 때, 머리는 뒤로 손은 앞으로, 서로 반대로 움직인다고 생각하면 힘과 정확성이 훨씬 좋아질 것이다.

제5장

파크골프 샷의 종류

5.1 티 샷(Tee shot)

1) 티 샷(Tee shot)이란?
- 티 샷은 티잉 그라운드에서 티 위에 공을 놓고 치는 첫 번째 샷이다.
- 티 샷은 스퀘어 스탠스로 하고, 공은 왼발 앞쪽에 놓고, 거리에 적합한 백 스윙 크기로 공을 정확히 임팩트하여 목표방향으로 폴로 스루를 크게 한다.
- 티 샷을 할 때는 두 발이 티잉 그라운드 위에 있어야 하며, 두 발의 일부라도 티잉 그라운드를 벗어나면 2벌타가 적용된다.
- 티 샷의 거리와 방향성을 동시에 충족시키려면 머리는 공 위에 두고 임팩트 시 체중을 왼발에 싣고 왼쪽 다리에 벽을 만들고, 오른발에 있는 체중을 왼쪽으로 이동하면서 클럽 헤드를 목표방향으로 휘둘러야 한다.

2) 티 샷(Tee shot)을 잘 하는 방법
① 홀(Hole) 특성에 맞는 티 샷(Tee shot)
- 티 샷의 방향을 결정할 때에는 페어웨이 전체를 살펴 보고, 지형과 홀 특성을 고려하여 샷을 하려는 방향과 공이 목표지점에 가도록 이동경로를 결정하여야 한다.
- 첫 홀의 티 샷을 성공시키려면 클럽 헤드의 컨트롤이 쉽도록 평소의 스윙 크기보다 백 스윙을 작게 하여, 거리보다는 방향성을 고려하여야 한다.
- 좋은 티 샷을 위해서는 반드시 티잉 그라운드 뒤에서 목표물을 보고 방향을 정하는 것이 좋다.

② 샷(Shot)의 필수조건
- Par3 티 샷은 홀 컵에 가깝게 하는 것보다 퍼팅을 하기 좋은 홀 컵 주변으로 공을 보낸다.
- Par4 티 샷은 그린을 공략하는 것보다 홀 컵을 공략하기 쉬운 안전 지점으로 공을 보낸다.

- Par5 티 샷은 거리와 방향을 고려하여, 다음 샷을 하기 쉬운 지점으로 공을 보내기 위한 완벽한 피니쉬가 필요하다.

③ 정확한 거리 조절 방법
- 거리 조절은 풀 스윙, 3/4, 1/2, 1/4 등의 스윙 크기로 거리를 조절한다.
- 티 샷은 공을 정확하게 홀 컵의 주변으로 보내는 것이 목적이며, 티 샷을 잘 하면 타수를 줄일 수 있다.

④ 홀(Hole) 공략의 방법
- 티 샷은 샷을 할 때마다 일정한 구질이 나와야 하고, 오르막과 내리막, 그리고 좌·우측 경사에 따른 공의 변화를 이해하며, 다양한 스윙을 하여야 한다.
- 공의 방향 설정은 티잉 그라운드에서 페어웨이 전체를 살펴 보고, 티 샷으로 공을 보내려는 위치에 위험요소가 있다면 최대한으로 안전한 방법을 선택하여야 한다.
- 홀 컵의 중간에 벙커가 있는 경우는 벙커를 넘기는 샷을 하여야 한다.
- 홀 컵 뒤쪽이 내리막 경사일 때는 앞쪽에 어프로치 하는 것이 유리하며, 반대로 홀 컵 뒤쪽이 오르막이거나 공간이 여유가 있는 경우에는 과감하게 공략할 때, 좋은 스코어를 낼 수 있다.

3) 롱 홀(Long hole)에서의 티 샷(Tee shot)
① 롱 홀(Long hole)이란?
롱 홀은 Par5 홀이 긴 홀로써 보통 100m에서 150m 사이의 홀을 말한다.

② 롱 홀(Long hole)의 안전한 티 샷(Tee shot)
- 롱 홀의 티 샷은 깃대까지의 먼거리를 벙커와 위험요소를 극복하고, 공을 안전하게 보내야 한다.
- 롱 홀의 좋은 티 샷을 위해서는 백 스윙 동작을 신중하게 클럽을 뒤로 움직여

야 하며, 백 스윙이 정확할수록 티 샷을 정확하게 실시 할 수 있다.
- 다운 스윙은 팔과 몸이 하나로 동시에 움직이는데 초점을 맞추어 몸통과 조화를 이루는 동작으로, 클럽 헤드 면의 중심에 공을 맞출 때 공의 방향성과 거리를 향상시킬 수 있다.

③ 티 샷(Tee shot)을 좋게 하는 방법
- 첫째, 티 샷 거리는 더 멀리, 더 곧게 보내려고 하면 왼발 발꿈치가 공과 같은 선 뒤쪽에 놓이도록 왼발부터 자리를 잡고, 그립을 어깨가 목표방향 반대쪽으로 기울어지게 할 때, 거리와 방향성을 높일 수 있다.
  이 때, 오른발은 양발의 간격이 어깨보다 조금더 넓게 벌려주는 스탠스를 하면 스윙 속도가 증가해도 몸의 균형을 유지할 수 있다.
- 둘째, 티 샷을 위한 준비자세에서 80%는 목표방향을 보고, 공을 보는 시간은 20%로 하면서 정렬을 하면 공의 방향성과 거리를 향상시키는 스윙을 할 수 있다.
- 셋째, 백 스윙 정점에서 두 손을 잠깐 멈춘 후에 다운 스윙을 시작하여 속도를 높여 주면, 임팩트 시 최대거리를 낼 수 있는 클럽 헤드의 속도를 만들 수 있다.
- 넷째, 안정된 티 샷을 하려면 풀 스윙보다는 90%, 또는 80% 힘으로 스윙하는 것이 좋으며, 너무 멀리 보내려고 하면 실수의 위험이 발생할 수 있으니 주의를 하여야 한다.

5.2 페어웨이 샷(Fairway shot)

1) 페어웨이 샷(Fairway shot)이란?
  페어웨이 샷은 러프, 해저드, 티잉 그라운드, 그린 지역이 아닌 경기장 내의 모든 잔디 구역에서 홀 컵 방향으로 샷을 하는 것을 말한다.

2) 페어웨이 샷(Fairway shot)의 방법

① 페어웨이 샷을 할 때에는 전후, 좌우를 잘 살펴서 안전을 확인하고, 샷을 하여야
한다.

② 샷을 하려는데 20m 이내에 동반자의 공이 방해가 된다고 생각이 되면 공 마크
를 요구할 수 있다.

5.3 어프로치 샷(Approch shot)

1) 어프로치 샷(Approch shot)이란?

① 어프로치 샷은 그린 주변이나 페어웨이에 있는 공을 깃대 방향으로 쳐서, 퍼팅
을 잘 할 수 있는 지점까지 보내야 한다.

② 공은 뒷땅을 치지 않도록 양발의 중앙에 놓고, 거리에 적합한 백 스윙 크기에 맞
추어서, 양팔을 폴로 스루까지 체중이동을 적게 하여야 한다.

③ 어프로치 샷은 홀 컵에 근접시킨다는 생각을 하는 것이 유리하며, 홀 컵에 넣겠
다는 욕심으로 샷을 하면, 공이 홀 컵을 상당히 지나치게 되어 1타를 더 쳐야 하
는 경우가 많이 발생한다.

2) 어프로치 샷(Approch shot)의 방법

① 어프로치 샷은 오른손의 힘을 빼고, 왼손은 오른손이 앞으로 나가는 것을 막아
주는 역할을 하여야 한다.

② 어프로치 샷은 목표물의 경사가 왼쪽 또는 오른쪽인가, 아니면 오르막 또는 내
리막인가를 확인한 후 마음의 결정을 하여야 한다.

③ 어프로치를 잘 하기 위해서는 방향성 유지에 중요한 손목의 사용을 최대한으로
억제시켜야 한다.

④ 좋은 어프로치 동작은 일정한 거리를 만들어 낼 수 있으므로, 더 좋은 방향성과
거리감을 얻을 수 있다.

⑤ 체중은 왼발에 70% 정도 실어주고, 스윙하는 동안에는 체중이 이동하지 않도록
하여야 한다.

⑥ 어프로치 샷의 거리는 홀 컵까지의 지형과 잔디의 성장 방향과 상태를 고려하여 스윙 크기로 거리를 조절하여야 한다.

⑦ 어프로치 샷은 홀 컵 3m 이내로 공을 보낼 수 있어야 스코어를 줄일 수 있으며, 어프로치 샷을 잘 하기 위해서는 몸의 긴장을 풀고 강인한 정신력이 필요하다.

5.4 벙커 샷(Bunker shot)

1) 벙커 샷(Bunker shot)이란?

① 벙커 샷은 코스의 난이도를 높여 주기 위해 페어웨이나 그린 지역 부근에 만들어 놓은 벙커에 공이 빠졌을 경우, 그 벙커에서 공을 탈출시키는 샷을 말한다.

2) 벙커 샷(Bunker shot)의 방법

① 벙커 샷은 벙커 턱의 높이와 방향을 고려하여 목표방향을 선정하여야 한다.

② 벙커 샷은 손목을 최대한 자제하며, 낮은 헤드의 궤도를 만들어야 하는 샷으로 공의 위치는 왼발쪽으로 하고, 그립은 조금 짧고 강하게 잡아야 하며, 공을 타격한 이후에도 클럽 헤드 면은 공의 진로방향을 가리키도록 하여야 한다.

③ 준비자세 시 그립을 잡은 양손의 위치는 공 뒤쪽으로 위치시키고, 머리의 위치를 오른쪽에 두어 임팩트 이후 몸은 멈추지만 클럽 헤드는 공을 뒤따라 나가며 밑에서 위로 공만 깨끗하게 올려치는 스윙을 하여야 한다.

④ 벙커에서 평소와 같이 샷을 하면 뒷땅을 칠 수 있으므로 공을 왼발에 두고, 공이 모래에 박히지 않도록 공만 내보내는 샷을 하여야 한다.

5.5 러프 샷(Rough shot)

1) 러프 샷(Rough shot)이란?

① 러프는 코스 내의 그린 및 해저드를 제외한 부분으로 주로 페어웨이 양쪽이나 그린 주위에 5cm 이상 되는 잔디나 잡풀을 말한다.

(참고 : 페어웨이 잔디는 3cm 이하, 그린의 잔디는 2cm 이하가 기준)

② 러프 샷은 공이 긴 풀숲이나 러프 지역에 빠진 경우, 그 지역에 들어가서 페어웨이에 안착시키거나 홀 컵 방향으로 어프로치를 시도하는 샷을 말한다.

2) 러프 샷(Rough shot)의 방법

① 러프 샷을 할 때는 정상적인 스탠스에서 10~20cm 정도 더 왼쪽으로 서서, 공은 오른발의 방향에 두고, 백 스윙 시 손목을 꺾어 올려서 공의 오른쪽 밑바닥을 내려찍는다.

클럽 헤드는 공을 맞힘과 동시에 그 자리에서 멈추고, 폴로 스루의 스윙은 조금도 하지 않는다. 이러한 샷을 펀치 샷이라고도 하며, 공의 뒤쪽을 내려찍는 것을 말한다.

② 깊은 러프(Rough)에서의 탈출 샷

- 공이 깊은 러프 지역에 있을 때는 공을 탈출시키기 위해 공을 평소보다 오른쪽에 두고, 위에서 내려 볼 때 공의 약간 뒤쪽을 내려찍으면서 러프 깊이에 따른 힘 조절을 잘 하여야 한다.

- 러프 지역의 탈출을 위해 시선은 공 위에 두고, 스탠스는 어깨넓이 정도로 벌린 다음 스탠스를 약간 열고, 왼손 그립은 조금 더 견고하게 잡는다.

- 공이 러프 속에 있을 때는 거리 욕심을 내지 말고, 일단 페어웨이로 탈출시키는데 최선을 다 해야 하며, 정확한 임팩트를 위해 백 스윙을 적게 한 후, 피니쉬 동작은 백 스윙의 1/4 정도로 짧게 할 때 공의 탈출을 쉽게 할 수 있다.

5.6 비거리 내는 샷(Long shot)

1) 비거리 내는 샷(Long shot)이란?

① 비거리 내는 샷은 Par4, Par5 홀에서 비거리를 많이 내려고 할 경우에 치는 샷을 말한다.

② 힘을 가속시켜 장타를 치기 위한 동작은 다운 스윙을 하는 도중에 몸을 약간 낮추며, 임팩트 시 지면을 힘껏 밀어낼 수 있는 폭발적인 동작을 만들어내는 것이다.

③ 준비자세는 스퀘어 스탠스로 하며, 양발의 간격은 어깨넓이 보다 조금 넓게 하고, 공은 왼발의 상단 10~20cm 외측, 클럽은 최대한으로 길게 잡고, 백 스윙 정점은 오른쪽 어깨와 머리 사이에 두며, 왼손 손목을 코킹한다.

④ 코킹을 유지하면서 왼손으로 클럽을 공의 방향으로 힘차게 끌어 당기고, 임팩트 순간에 코킹을 풀어서 헤드 속도를 빠르게 한다. 폴로 스루는 클럽이 목표방향을 향하도록 클럽 헤드를 등 뒤로 넘기는 풀 스윙을 한다. 이 때, 체중을 왼발쪽으로 이동하여 왼발에다 벽을 만든다.

2) 비거리 내는 샷(Long shot)의 방법

① 준비자세에서 양발, 무릎, 엉덩이, 어깨선이 목표방향과 평행이 되도록 정렬을 하여야 한다.

② 스윙 궤도를 크게 하기 위해서는 스탠스의 폭을 약간 넓혀 주고, 백 스윙 시 오른쪽으로 몸을 틀 때, 양손을 몸에서 멀리 가져가 백 스윙 정점의 동작을 완성한 후 다운 스윙을 시작하면, 몸통을 이용하는 스윙을 하게 되므로 공이 멀리 날아가게 된다.

③ 몸통을 이용한 다운 스윙은 단단한 하체를 기반으로 하며, 몸통을 중심으로 클럽을 회전시킬 때, 클럽 헤드의 속도가 증가하고 임팩트가 정확하게 되어, 좋은 거리와 방향성을 얻을 수 있게 된다.

④ 거리를 증가하기 위해서는 백 스윙 시 왼발 뒤꿈치를 디디는 하체 중심의 스윙을 할 때, 거리가 향상된다.

⑤ 티 샷을 멀리 보내기 위해서는 임팩트가 이루어지는 동안 왼쪽 다리를 단단하게 버티면서 벽을 만들어 주면, 클럽 헤드의 속도가 빠르게 되어 거리가 증가하게 된다.

3) 비거리 증대를 위한 손목의 코킹(Cocking)

① 거리는 공을 타격하는 클럽 헤드의 속도가 결정하므로, 헤드 속도를 최고로 증가시키려면 손목의 꺽임을 이용하는 코킹을 하여야 한다.

② 스윙 시 클럽 헤드의 속도를 증가시키기 위해서는 손목의 코킹을 임팩트 직전까지 최대한으로 끌고 내려오면서 임팩트를 늦추는 동작이 필요하며, 하체로 다운 스윙을 하고 임팩트 직후까지 머리와 상체가 들리지 않도록 한다.

③ 코킹 유지에 실패하는 이유
- 그립을 너무 강하게 잡고 백 스윙을 하면 손목의 유연성이 떨어진다.
- 백 스윙 정점에서 다운 스윙 시 몸통을 움직이지 않고, 팔로만 클럽을 끌어내리게 되면, 손목부터 펴지게 되어 코킹을 유지하지 못하게 된다.

4) 중·상급자의 거리 증대 방법

① 중·상급자가 비거리를 늘리려면 손목의 이용과 체중 이동을 하여야 한다.

② 공을 멀리 보내는데 중요한 요소는 손목을 이용하는 코킹이므로 다운 시에도 코킹을 유지하며, 클럽 헤드는 머리 뒤 등쪽에 오래 둔다는 느낌으로 다운 스윙을 할 때, 강한 임팩트를 만들 수 있다.

③ 공을 보는 시선은 한 곳에 고정시키지 말고, 유연하게 체중 이동에 도움을 주어야 한다.

5.7 로브 샷(Lob shot)

1) 로브 샷(Lob shot)이란?

① 샷을 할 때 앞의 장애물 등을 넘겨야 할 경우, 의도적으로 공을 높이 띄우는 샷을 말하며, 공을 멀리 보내는 샷은 아니지만 스윙의 크기에 따라 멀리 보낼 수도 있다.

② 공을 띄워야 할 상황
- 불규칙한 티잉 그라운드 앞을 넘겨야 하는 경우
- 물웅덩이, 벙커, 언덕, 장애물을 넘겨야 하는 경우 등

2) 로브 샷(Lob shot)의 방법

① 클럽은 헤드 면이 하늘 방향으로 15도 정도 열고, 오픈 스탠스로 왼발을 열고, 발의 무게 중심을 오른발 쪽에 둔다

② 공의 위치는 왼발 바깥쪽으로 놓고 준비자세를 취한다.

③ 정상적인 준비자세 보다 낮게 하고, 클럽 헤드 면은 임팩트 이후에도 목표방향을 가리키도록 한다.

④ 왼쪽 어깨를 살짝 들고 오른쪽 어깨를 낮추며, 오른쪽 무릎을 약간 안쪽으로 밀어 넣어 몸의 안정성을 높인다.

⑤ 시선과 클럽 헤드 면은 타격할 공 아래를 바라본다.

⑥ 클럽은 견고하게 짧게 잡고, 클럽 헤드의 중앙이 공의 최저점을 강하게 올려치는 임팩트를 한 후, 목표방향으로 쭉 펴주는 폴로 스루를 길게 한다.

5.8 안전망 탈출 샷

1) 안전망이란?

① 파크골프장의 페어웨이가 좁거나 티잉 그라운드와 홀 컵의 그린 지역이 가까이 있는 경우에는 경기자의 안전을 위하여 안전망을 설치한다.

② 안전망 앞에 OB 말뚝을 설치할 수도 있고, 안전망 그대로를 OB 경계구역으로 사용할 수도 있다.

2) 안전망 탈출 샷

① 안전망 탈출 샷1(클럽 헤드면 샷)

- 안전망에 공이 가까이 있어서 백 스윙이 어렵고, 원하는 스탠스를 할 수 없을 때는 공에 가까이 서서 스탠스를 좁게 서도록 한다.

- 클럽을 짧게 잡고 상체를 기울여서 준비자세를 한 후, 손목꺾기로 클럽을 들어서 공을 찍어치기(펀치 샷)를 한다.

② 안전망 탈출 샷2(클럽 헤드 뒷면 샷)

- 공이 안전망 또는 나무 등에 가까이 있어서 백 스윙의 공간이 없을 때에 클럽 헤드 뒷면으로 공을 쳐서 안전망을 탈출하는 샷이다.
- 백 스윙의 공간이 없을 때는 클럽을 짧게 잡고, 상체를 최대한으로 기울여서 준비자세를 한 후, 클럽 헤드의 뒷면을 공 위쪽에 위치한 다음, 손목꺾기로 클럽을 수직으로 살짝 들어서 공을 찍어치기(펀치 샷)을 한다.

③ 안전망의 높이가 대략 60cm 정도일 때는 안전망을 넘어가서 정상적인 샷을 할수도 있다.

5.9 퍼팅 샷(Putting shot)

1) 퍼팅 샷(Putting shot)이란?

① 퍼팅 샷은 그린 위에서 공을 홀 컵에 넣기 위해서 스트로크를 하는 샷이며, 시계 추가 움직이는 것과 같이 클럽 헤드를 홀 컵 방향으로 정확하게 밀어치는 샷을 하여야 한다.

② 퍼팅의 성공을 위해서는 자신의 실력과 정신력을 믿는 것이 중요하며, 준비시간을 줄이고, 자신 있게 퍼팅하는 자세가 필요하다.

③ 퍼팅 샷은 스코어를 줄이는 최선의 전략으로 거리별 퍼팅의 성공률을 나만의 리듬과 방법으로 높이는 것이 중요하며, 2m 이내의 짧은 퍼팅의 성공을 최대한으로 높여야 한다.

④ 롱 퍼팅은 홀 컵에 넣으려고 하는 것보다 1m 이내로 보내려고 하여야 하며, 롱 퍼팅을 성공시키는 것은 운이 좋은 경우라고 생각할 수 있다.

⑤ 퍼팅 샷은 정확한 거리의 판단과 공의 방향이 변하는 위치에서 변화가 되도록 속도를 조절하여야 한다.

2) 퍼팅 그립(Putting grip)을 잡는 방법

① 그립은 몸이 경직되지 않도록 잡고, 클럽 헤드 무게로 공을 스트로크했을 때, 공이 잔디 위를 잘 굴러갈 수 있는 힘으로 잡아주어야 한다.

② 좋은 퍼팅을 위해서는 두 손의 엄지손가락을 그립 위에 11자로 올려놓고, 왼손은 새끼손가락을 강하게 힘을 주어 손목 위주로 잡고, 오른손은 손바닥이 샤프트와 가볍게 밀착되도록 그립을 안정되게 잡아주어야 한다.

③ 양손의 힘은 가볍게 잡아야 하며, 양손의 팔꿈치는 옆구리에 붙여서 몸통과 어깨를 이용하는 스트로크를 할 수 있도록 하여야 한다.

④ 퍼팅 시 손목은 사용하지 않고, 안정된 스트로크를 위해서 왼손의 손등과 오른손 손바닥은 목표방향을 향하게 하고, 두 손을 이용하여 클럽 헤드 무게로 공을 목표지점으로 밀어주는 스트로크를 하여야 한다.

⑤ 퍼팅 그립은 왼손을 편하게 내린 후에 왼팔과 샤프트가 일직선이 되게 하여, 손목의 근육을 고정시켜 잡으면 클럽 헤드가 직선으로 움직이는 스트로크가 쉽게 된다.

3) 퍼팅(Putting)의 기본자세

① 퍼팅 자세는 스퀘어 스탠스로 하고, 양발은 어깨넓이로 벌리며, 양발의 발끝 가상선이 퍼팅 라인과 평행선이 되도록 한다.

② 퍼팅 준비자세는 무릎을 약간 구부리고 엉덩이를 뒤로 빼고, 어깨를 편 상태에서 상체를 숙여, 공이 왼쪽 눈의 수직 아래에 있도록 하면 어깨와 몸통으로 클럽 헤드를 목표방향으로 쉽게 움직일 수 있게 된다.

③ 퍼팅의 준비자세를 습관적으로 만들 수 있을 때, 스트로크의 자신감이 향상되면서 짧은 퍼팅의 성공률을 높일 수 있게 된다.

4) 퍼팅 샷(Putting shot)의 주요 사항

① 스퀘어 스탠스로 그립을 잡고 퍼팅을 하여야 한다.

② 클럽 헤드 면은 퍼팅 라인과 직각이 되도록 하여야 한다.

③ 양발 끝의 가상선은 퍼팅 라인에 평행하게 되도록 하여야 한다.

④ 그립을 잡았을 때 오른손바닥과 왼손등은 목표지점을 향하도록 한다.

⑤ 양쪽 팔을 겨드랑이에 붙이고, 어깨의 움직임으로 퍼팅을 하여야 한다.

⑥ 체중은 왼쪽 다리에 60%, 오른쪽 다리에 40%의 비중을 두어야 한다.

⑦ 퍼팅 시, 시선은 클럽 헤드 면이 공을 타격하는 위치를 보아야 한다.

⑧ 공을 툭 치지 말고, 밀어치는 느낌으로 퍼팅을 하여야 한다.

⑨ 일반적인 퍼팅은 백 스윙을 크게 하고, 폴로 스루를 짧게 하여 공의 직진성을 높여 주어야 한다.

5) 퍼팅 스윙(Putting swing)

① 퍼팅 스윙(Putting swing)이란?

- 백 스윙은 왼쪽 어깨와 팔이 리드하여 거리에 맞는 백 스윙의 정점에서 잠깐 멈춘 후, 다운 스윙은 클럽 헤드의 중앙에 공을 맞추어 폴로 스루를 백 스윙보다 약간 크게 한다.

- 이 때, 머리는 고정하고, 손목이 꺾이지 않도록 한다.

- 백 스윙과 폴로 스루는 홀 컵까지 거리를 고려하여 시계추의 진자운동과 같이 안정하게 스트로크를 한다.

- 지형에 따라 공이 힘차게 진행하는 직선 부분과 공의 속도가 줄어서 공이 변하는 것을 고려하며 퍼팅을 할 때, 성공률을 높일 수 있다.

② 퍼팅 스윙(Putting swing)의 방법

- 목표지점을 향해 정확히 보내기 위하여 자세와 스트로크를 정확히 해서 방향과 거리에 맞게 보내는 것이 필요하다

- 경기 중 위기상황에서는 정확히 판단하여 안전한 지점으로 보낼 수 있어야 한다.

- 퍼팅 스트로크는 같은 자세가 원칙이지만 경사가 심한 내리막을 퍼팅할 때에는 공의 위쪽을 스트로크 하는 등의 변화도 필요하다고 할 수 있다.

③ 퍼팅(Putting) 감각을 되찾는 방법

- 퍼팅이 잘 되지 않을수록 그립을 단단히 잡게 되어 실수를 하기 때문에, 몸의 긴장을 풀고 그립을 가볍게 잡아야 한다.

- 공이 홀 컵을 자주 지나가고 있다면 홀 컵의 앞쪽에 가상의 홀 컵에 있다고 생각하고, 퍼팅한 공이 홀 컵의 앞쪽으로 짧게 멈춘다면 홀컵 뒤쪽에 가상의 홀 컵이 있다고 생각하며 퍼팅을 하여야 한다.
- 경기 중 장거리 퍼팅 시에는 욕심을 내지 말고, 공을 1퍼트 이내의 거리로 보내도록 노력하여야 롱 퍼팅을 성공할 수 있다.

④ 실력 향상을 위한 3m 거리의 퍼팅(Putting) 연습
- 3m 거리의 퍼팅 연습을 하면 스코어가 줄어들 수 있다고 생각된다.
- 퍼팅 연습 시 공은 왼쪽에 놓고, 백 스윙은 두 발의 스탠스 크기로 하고, 폴로 스루의 크기는 백 스윙의 크기를 벗어나지 않을 때 이상적인 퍼팅이 될 수 있다.
- 공의 위치는 발목을 기준으로 하여야 하는 이유는 발끝을 바깥으로 벌리고 하여야 하는 경우, 공의 위치가 달라질 수 있기 때문이다.
- 연습을 할 경우, 가속을 주어 공을 클럽 헤드의 중심에 정확히 임팩트시키는데 주력하며, 거리의 컨트롤과 방향에 대한 자신감을 찾는 것도 중요하다.
- 이와 같이 연습을 하면 방향이나 거리가 약간 빗나갈 경우에도, 그 퍼팅은 그린에 도달하며, 공을 홀 컵에 가깝게 할 수 있을 것이다.

6) 퍼팅 샷(Putting shot)의 성공을 위한 방법
① 퍼팅(Putting)의 실전 경험과 방향성
- 퍼팅은 홀 컵 주변의 지형과 잔디의 상태를 고려하여, 공이 그린의 기울기와 적합하게 굴러가서 컵 인이 되도록 한다.
a. 내리막 퍼팅은 홀 컵의 앞쪽에서 경사에 따라 공이 굴러가게 한다.
b. 오르막 퍼팅은 홀 컵의 뒤쪽으로 쳐서, 깃대를 맞추며 컵 인이 되도록 한다.
- 퍼팅의 방향성을 위해서는 어깨의 회전을 이용하여 팔과 손목의 움직임을 자제시키는 퍼팅을 할 때, 성공률을 높일 수 있다.
- 퍼팅의 성공은 많은 실전 경험을 바탕으로 자신만의 거리감을 만들어, 자신 있게 스윙을 하여야 한다.

② 퍼팅(Putting)의 요령

- 퍼팅(Putting) 전에 잔디 결의 확인

a. 잔디가 홀 방향으로 누워있는 순결의 경우는 홀을 지나가기가 쉽고, 반대로 역결의 잔디는 짧게 가는 경우가 많다.

b. 순결의 잔디는 공을 살살 쳐서 경사와 잔디 결을 따라 굴러가도록 치고, 역결에서는 홀의 뒤쪽 면을 맞추어 들어가도록 세게 쳐야 한다.

c, 홀을 비스듬히 가로지르는 횡결의 잔디는 홀의 위, 아래의 지형을 보고 퍼팅을 하여야 한다.

- 컵 인 퍼팅(Cup in putting)의 핵심 포인트

a. 퍼팅은 홀 컵을 지나가게 쳐야 한다.

b. 퍼팅은 편안한 마음을 가지고, 편하게 쳐야 한다.

c. 홀 컵을 30cm 정도 지나가게 공을 치는 연습을 하여야 한다.

d. 공을 홀 컵에 넣을 것인지, 붙일 것인지를 결정한 후, 홀의 특성을 고려하여 홀마다 전략을 세워야 한다.

e. 한번에 퍼팅을 성공시키려고 할 때, 심적 부담 때문에 3퍼팅으로 이어질 수 있다는 점에 주의하여야 한다.

f. 장마철이나 이슬이 있는 이른 아침에는 그린의 속도가 느리게 되는데, 이런 경우에는 백 스윙을 크게 하고, 임팩트를 짧게 하여 공을 끊어치는 퍼팅을 하여야 한다.

- 퍼팅(Putting)의 중요성과 거리 계산법

a. 티 샷 거리 100m도 1타, 1m 퍼팅도 1타로 퍼팅의 중요성을 알아야 한다. 퍼팅을 시작할 때 우선적으로 확인하여야 할 것은 잔디의 상황이며, 잔디의 저항은 뿌리쪽이 강하고 잎사귀 쪽은 약하며, 특히 역결의 잔디는 방향과 거리를 신중하게 생각하여야 한다.

b. 퍼팅 거리를 계산할 때, 오르막 1m 다음에 평지 3m 거리인 경우라면, 오르막은 평지 1m의 2배로 생각하여 2m, 평지는 3m, 합계 5m로 계산한다. 이런 식으로 자신만의 거리 개념을 생각하여 퍼팅을 하면 쉽게 성공시킬 수 있다.

- 퍼팅(Putting) 성공을 위한 방법
  a. 짧은 퍼팅을 성공시키기 위해서는 하체와 머리를 고정하고, 어깨와 몸통을 이용하여 클럽 헤드의 무게 속도로 치는 안정된 스트로크를 하여야 한다.
  b. 퍼팅을 성공시키기 위해서는 그린의 기울기를 파악하고, 공의 진행경로를 생각해 보아야 한다. 잔디가 역결인 경우는 공의 속도가 느리고, 순결은 공의 속도가 빠르게 굴러간다.
  c. 퍼팅 시 클럽 헤드의 속도를 줄여 부드럽게 치면 공이 많이 휘어지므로, 경사가 작은 공이 직선으로 갈 수 있도록 짧고 강하게 스트로크를 하고, 경사가 심한 그린에서는 곡선으로 공이 진행하도록 스트로크를 하여야 한다.
  d. 공의 속도가 공의 진행방향을 결정하므로 공의 속도를 조절하면 거리감이 좋아지고, 퍼팅 라인을 따라 공이 잘 굴러가게 되어 퍼팅의 성공률이 좋아지게 된다.
  e. 내리막 경사의 퍼팅은 백 스윙보다 피니쉬를 짧게 하여야 하며, 임팩트 시에는 클럽 헤드의 무게가 공에 가볍게 작용하도록 공에 접촉하기 전에 헤드 속도를 줄여야 한다.
  f. 오르막 퍼팅은 홀 컵의 뒤쪽을 맞추어 치고, 내리막 퍼팅은 홀 컵 앞에서 굴러 들어가도록 쳐야 한다.
  g. 퍼팅 시 스트로크를 할 때, 공을 때리지 말고 왼손을 사용하여 끌어치는 것이 가장 중요하며, 퍼팅 거리는 1m, 2m, 3m, 4m, 5m 형식으로 늘려가면서 연습을 하면 퍼팅에 대한 거리감이 향상될 것이다.
- 롱 퍼팅(Long putting)을 위한 방법
  a. 퍼팅의 실수를 줄이기 위해서는 공에 가까이 가기 전에 멀리서 전체적인 퍼팅 라인의 변화를 파악하는 것이 중요하다.
  b. 롱 퍼팅에서는 홀 컵에 넣는 퍼트를 할 것인지, 아니면 근접시키는 퍼트를 할 것인가를 결정하여야 한다.
  c. 난이도가 높은 퍼팅에서는 홀 컵에 직접 넣으려 하지 말고, 근접시키는 퍼트를 하여야 한다.

d. 홀 컵까지의 경사도와 거리, 홀 컵 주변의 변화를 확인한 후, 스트로크의 강도를 생각하며 퍼팅을 하여야 한다.

e. 퍼팅 라인의 변화를 확인함으로써 거리감과 방향성이 향상되기 때문에 스코어를 줄일 수 있다.

제6장

파크골프 에티켓과 매너
(Parkgolf etiquette and manner)

6.1 에티켓(Etiquette)

1) 파크골프 경기의 기본정신

① 파크골프 경기는 다른 경기자를 배려하고, 스스로 규칙을 준수하는 경기자의 성실성 여하에 달려 있다.

② 모든 경기자는 경기하는 방법에 관계없이 언제나 경기규칙에 따라 스스로 공정한 행동을 하고, 동반자에게 예의를 지켜야 한다.

2) 안전 확인

① 경기자는 스윙 전에 스윙 반경 내에 다른 경기자가 근접해 있는가를 확인하고, 안전거리를 확보하여야 한다.

② 먼저 나간 동반자가 있는 상태에서 공을 쳐서는 안 된다.

③ 동반자 전원이 샷을 끝낼 때까지 먼저 앞으로 나가서는 안 된다.

④ 경기자는 공을 잘못 쳐서 동반자 또는 국외자가 공을 맞을 위험이 있는 경우는 큰소리로 신속히 경고를 하여야 한다.

⑤ 다른 홀로 공이 넘어간 경우, 경기자가 다른 홀로 진입 시는 그 홀의 경기자의 경기진행 여부를 사전에 확인한 후 진입을 하여야 한다.

3) 다른 경기자에 대한 배려

① 소란이나 정신집중 방해금지

- 경기자는 항상 코스에서 동반자를 배려하여야 하며, 움직이거나 말하기 등 불필요한 잡음을 내서 경기를 방해하여서는 안 된다.

- 휴대폰의 소음 등으로 경기를 혼란시켜서는 안 된다.

- 경기자가 샷을 준비하면 동반자는 정숙하여야 한다.

- 경기에 영향을 줄 수 있는 조언을 하여서는 안 된다. 단, 포섬경기 시는 팀원끼리 조언이 가능하다.

- 경기자끼리 감정을 상하게 하는 말과 행동을 하여서는 안 된다.

② 그린(Grren) 위에서

 - 경기자는 동반자의 퍼팅 라인을 밟아서는 안 된다.

 - 경기자가 퍼팅을 할 경우, 동반자가 움직이거나 퍼팅 라인에 그림자를 만들어
   서는 안 된다.

 - 조원 모두가 컵 인으로 홀 아웃을 할 때까지 그린 주변에 남아 있어야 한다.

③ 스코어(Score) 기록

 - 샷을 하기 전에 "이름과 타수"를 말하여 기록에 착오가 없도록 한다.

 - 조원 모두가 홀 아웃을 하게 되면 다음 조에게 수신호를 주고, 다음 홀의 티잉 그
   라운드로 신속히 이동하여 스코어 카드를 기록하며, 상호 확인하여야 한다.

 - 경기가 끝나면 조원 모두가 스코어 카드를 확인하고, 합산한 후에 스코어 카드
   에 서명하여 대회본부에 제출한다.

4) 경기속도

① 약간 빠른 속도 유지

 - 앞 조와 속도를 맞추는 것은 조원 모두의 책임으로, 경기자는 샷을 한 다음에
   는 조금 빠르게 이동하여, 다음 경기를 준비하여야 한다.

 - 1개 홀이 비어 있지만 초보자 등으로 지연되는 경우에는 다음 조가 먼저 경기
   를 할 수 있도록 양보하여야 한다.

 - 공을 러프 지역에서 찾을 경우, 3분 이상을 지체하여서는 안 된다.

 - 임의로 비어 있는 홀로 진입하여 경기진행을 방해하거나 경기속도를 지연하
   여서는 안 된다.

② 경기할 준비

 - 경기자는 샷의 순서에 따라 바로 경기를 할 수 있도록 항시 준비를 하여야 한다.

 - 조원은 3~4명으로 편성하여 경기를 한다.

5) 코스(Course) 보호

① 잔디 보호를 위해 운동화, 골프화를 착용하며, 잔디에 손상을 주는 등산화, 구두, 부츠 등을 착용하여서는 안 된다.

② 샷으로 인하여 잔디가 파이거나 클럽으로 내리쳐서 잔디가 손상되지 않도록 주의한다.

③ 샷으로 인하여 잔디가 파였을 경우는 잔디를 보수하여야 한다.

④ 코스 내에서는 금연하고, 껌과 침을 뱉는 행위를 금지한다.

⑤ 코스 내에서는 음식물 섭취는 금지하며, 쓰레기는 버리지 않는다.

6) 에티켓(Etiquette) 위반 시 조치

① 경기자가 에티켓을 준수하지 않아서 벌타를 부여받는 경우는 없으나 에티켓을 준수하게 되면 더 즐거운 경기를 하게 될 것이다.

② 경기자가 중대한 에티켓을 위반한 경우, 주최측은 퇴장 조치 또는 대회에서 경기자를 실격시킬 수 있다.

6.2 매너(Manner)

1) 기본적인 매너(Manner)

① 실력에 관계없이 동반자를 매너로 정중하게 대해야 한다.

② 티잉 그라운드에서 순서가 되기 전에 준비하고 기다려야 한다.

③ 샷을 하는 경기자 가까이 서서 지켜보거나 연습 스윙을 하면 안 된다.

④ 동반자가 샷을 할 때는 말을 하거나 움직이지 말아야 한다.

⑤ 동반자가 티 샷이 끝난 후에 굿 샷, 나이스 샷 등의 호응을 한다.

⑥ 동반자의 퍼팅 라인을 밟거나 그림자가 걸치지 않도록 한다.

⑦ 동반자가 퍼팅을 하고 있을 때 준비자세를 하는 것은 안 된다.

⑧ 동반자가 공으로 맞을 위험이 있을 때는 큰소리로 경고를 한다.

⑨ 경기자들의 퍼팅이 끝나면 신속하게 다음 홀로 이동한다.

⑩ 경기진행이 늦거나 공을 찾아야 할 경우, 다음 팀에 양보하여야 한다.

⑪ 벙커에서 샷을 한 경우, 공을 친 흔적을 없애고 나와야 한다.

⑫ 앞 팀이 홀에서 벗어나면 티 샷을 시작한다.

⑬ 뒷 팀이 빠른 게 아니라 우리 팀이 늦을 수도 있다는 생각을 해 본다.

⑭ 스코어 기록은 다음 홀의 티잉 그라운드 주변에서 하여야 한다.

⑮ 원하지 않는 개인지도와 잘못된 습관에 대해 말을 하지 않아야 한다.

⑯ 경기가 끝나면 동반자에게 감사를 표시한다.

2) 좋은 매너(Manner)

① 파크골프에 적합한 복장을 착용하고 필수 용구를 휴대하는 행위

② 경기 전에 동반자와 만남의 인사(안녕하세요, 반갑습니다), 경기 후에 감사의 인사(잘 쳤습니다, 또 뵙겠습니다)를 하는 행위

③ 티 샷 후에 고무 티를 원위치하는 행위

④ 경기자의 공을 보고 굿 샷, 나이스 샷 등으로 격려하는 행위

⑤ 동반자의 분실한 공을 함께 찾아주는 행위

⑥ 세컨드 샷을 하기 전에 이름과 타수를 알려 주는 행위

⑦ 컵 인된 동반자의 공을 꺼내주는 행위

⑧ 컵 인 후 자신의 타수를 동반자에게 말해 주는 행위

3) 나쁜 매너(Manner)

① 공 마커가 없어서 낙엽 등으로 마크를 하는 행위

② OB 발생 시 먼저 이동하여 OB가 아니라면서 샷을 하려고 속이는 행위

③ 샷, 퍼팅하기 전에 2회 이상 연습 스윙으로 경기를 지연시키는 행위

④ 동반자의 스윙 자세 등을 지적하면서 진행을 지연시키는 행위

⑤ 경기 중에 큰소리로 떠들거나 욕설, 농담, 돈내기, 클럽을 던지는 행위

⑥ 경기자의 샷을 방해하는 행위

⑦ 실제 타수보다 적게 계산하여 기록하는 행위

⑧ 홀 컵 가까운 거리에서 한 손으로 퍼팅을 하는 행위

⑨ 음주, 흡연으로 동반자에게 피해를 주는 행위

⑩ 앞 팀의 진행이 밀린다고 비어 있는 홀에 새치기를 하는 행위

⑪ 코스 내에서 경기 중에 우산을 쓰는 행위

4) 파크골프(Parkgolf)의 내기 게임(Game)

① 내기 게임은 동반자와 승부에 너무 집착하지 말고, 건전한 경기를 해야 한다.

② 동반자의 실수보다는 실력과 매너를 가지고, 자신과 경쟁하는 마음과 정신력이 필요하다.

③ 내기 게임은 재미있게 경기에 집중하게 하는 활력소로 실력향상과 친목도모에 도움이 될 수 있기 때문에, 돈 보다는 실력과 매너를 우선하는 경기를 하여야 한다.

④ 내기 게임을 많이 이기고 있을 때에는 동반자를 배려하는 마음을 가져야 한다.

⑤ 내기 게임은 매 홀마다 최선을 다하면서 즐기고, 친목도모를 위한 멋진 동반자가 되도록 노력을 하여야 한다.

6.3 안전관리

1) 안전수칙

① 경기진행을 위하여 지도자에게 안전교육을 받은 후 파크골프장을 사용한다.

② 운동 전에는 준비운동, 운동 후에는 정리운동을 한다.

③ 무리한 스윙을 하지 말고, 거리에 적합한 스윙을 하여야 사고를 사전에 방지한다.

④ 경기자가 티잉 그라운드에서 스윙을 할 때에는 동반자는 홀 컵(12시)을 기준으로 4~6시 사이에서 기다리고, 경기자는 샷을 한 후 먼저 나가지 않는다.

⑤ 경기자의 스윙 반경에서 벗어나서 안전한 거리를 확보하여야 한다.

⑥ 샷을 할 때마다 전방과 주변에 사람이 있는가를 확인하여야 한다.

⑦ 샷을 한 공이 사람에게 날아갈 경우에는 큰소리로 "공 피하세요"라고 신속하게 경고를 하여야 한다.

⑧ OB가 난 공을 찾을 경우에는 다른 홀의 경기상태를 확인한다.

⑨ 코스 내에서는 공을 치는 연습 스트로크는 절대로 금지한다.

2) 안전조치

① 경기 중에 안전의 위험요소가 발견되었을 때에는 즉시 통보를 하여야 한다.

② 경기자가 공을 맞아서 타박상 등이 발생하였을 때는 경기를 중지하고 응급조치를 하여야 한다.

③ 여름철 무더위로 어지럼증이 발생하였을 때는 그늘로 이동하여 휴식을 취하게 하고, 심할 경우는 119로 신고를 하여야 한다.

④ 의식이 없는 응급환자가 발생하였을 때는 심폐소생술을 실시하면서 즉시 119로 신고를 하여야 한다.

제7장

파크골프(Parkgolf)
경기 방법 및 경기규칙

7.1 경기 방법

1) 코스(Course)에 진입하기 전의 행동

　① 조원은 3~4명으로 편성한다.

　② 경기하기 전에 준비운동을 한다.

　③ 1번 홀에 설치되어 있는 공 거치대에 공을 놓고 대기한다.

2) 티잉 그라운드(Teeing ground)에서 행동

　① 1번 홀에서 순서뽑기, 가위바위보 등으로 티 샷의 순서를 정한다.

　② 해당 홀의 표지판을 보고, 거리에 맞는 스윙 크기를 정한다.

　③ 앞 조가 홀 아웃을 했거나 안전한 도달거리가 확보되었을 경우, 티 샷의 순서대로 티잉 그라운드로 올라간다.

　④ 티 위에 공을 놓고 공 뒤에서 목표방향과 지점을 결정하고, 양발의 발끝 가상선을 목표방향과 평행하게 서서, 몸을 정렬한 후 준비자세를 하여, 공 뒤쪽에 클럽 헤드 면을 직각으로 맞춘다.

　⑤ 연습 스윙은 필요 시 1회로 하고, 티 샷을 한다.

　⑥ 이 때, 동반자는 경기자의 스윙 반경에서 벗어나 홀 컵(12시)을 기준으로 4~6시 방향인 안전지역에서 조용히 대기하며 순서를 기다린다.

3) 페어웨이(Fairway)에서 행동

　① 티 샷이 끝나면 빠르게 이동하여 깃대로부터 먼 공부터 샷을 한다. 이 때, 동반자는 경기자보다 앞서 나가지 않도록 한다.

　② 공의 위치가 같은 거리인 경우는 서로 간에 순서를 정하며, 러프나 OB 난 공에 대해서는 우선적으로 배려하는 것이 좋다.

　③ 20m 이내의 공이 방해가 된다면 동반자에게 마크를 요구한다. 단, 티 샷인 경우와 20m 이상의 공에 대해서는 마크를 요구할 수 없다.

　④ 마크는 홀 컵의 방향으로 공 뒤에 공 마커를 놓고, 공을 집어드는 경우, 순서와

위치를 위반할 경우에는 2벌타를 부여한다.

⑤ 경기자의 공이 동반자의 공을 맞춘 경우에는 경기자의 공은 정지된 지점에서 샷을 하고, OB 라인을 벗어난 경우는 OB 처리를 한다.

이 때, 동반자의 공은 충돌했다고 예상되는 지점으로 경기자가 원래의 위치에 갖다 놓는다.

4) 러프(Rough) 지역에서 행동

① 공이 긴 풀에 있는 경우, 주변의 풀을 누르거나 뽑는 행위는 공 주변을 개선시킨 것으로 2벌타에 해당되므로, 주의를 하여야 한다.

② 샷이 불가능할 경우는 언플레이어블을 선언하고, 동반자가 확인한 후 그 지점에서 깃대와 수직방향으로 서서, 양팔을 벌려서 좌·우측으로 2클럽 이내에서 샷하기 좋은 곳에 공을 놓는다.

③ 이 때, 공을 놓을 위치가 없는 경우는 공이 있던 지점에서 이전의 지점 방향으로 샷 할 수 있는 가까운 지점에 공을 놓고, 다음 샷을 한다.

④ 3분 이내에 공을 찾지 못하면 경기자가 분실구로 선언하고, 동반자 확인 후에 분실했다고 예상되는 지점에서 깃대를 보고, 가까운 지점에 예비공을 놓고, 다음 경기를 한다. 단, 예비공이 없어서 경기진행이 안 될 경우에는 실격으로 처리한다.

5) OB 지역에서 행동

① OB 판정은 공이 있는 지점에서 공의 위쪽에서 보았을 때, OB 라인 또는 OB 말뚝의 연장선에서 벗어난 경우에 경기자가 OB로 판정하고, 판정이 어려울 경우에는 동반자의 확인을 받아야 한다. 동반자 중 1명이라도 OB로 판정할 경우는 OB로 처리하여야 한다.

② 그린 주변에 OB 말뚝(라인)이 설치된 경우는 첫 번째 OB 말뚝과 두번째 OB 말뚝을 연결한 라인에서 공이 벗어나면 OB로 판정한다.

③ OB 처리는 경기자가 OB를 선언하고, OB 라인을 벗어난 지점에서 깃대와 수직 방향으로 서서, 양팔을 벌려서 좌·우측으로 2클럽 이내에서, 샷 하기가 좋은 지

점에 공을 놓고, 다음 샷을 한다.

④ 이 때, 깃대와 수직방향 보다 앞으로 나가거나 2클럽을 벗어나게 처리한 경우는 2벌타를 부여한다.

⑤ OB를 처리할 지역이 없거나 애매한 지역에서는 페어웨이 안 또는 그린 주변에 별도의 OB 티를 파크골프장별로 표시할 수도 있다.

⑥ 그린 주변에 OB 라인 또는 OB 말뚝이 설치되어 OB가 된 경우, OB 처리는 첫 번째 OB 말뚝의 연장선에 공이 벗어난 지점에서 깃대를 보고 수직방향으로 서서, 양팔을 벌려서 좌·우측으로 2클럽 이내의 뒤쪽 반원지역 내의 샷 하기 좋은 지점에 공을 놓고 샷을 한다. 이 때, 깃대 방향으로 직접 공략을 할 수 있다.

6) OB 처리 시 행동절차

① 공을 집어서 OB 라인을 벗어났다고 예상되는 지점으로 이동한다.

② 공이 OB 라인을 벗어난 지점에서 깃대 방향으로 수직이 되도록 선다.

③ 양팔을 벌려 좌·우측으로 2클럽 이내에 샷 하기 좋은 지점을 선정한다.

④ 선정된 지점에 공을 놓고, 남은 거리를 고려하여 경기를 한다.

7) 그린(Green)에서 행동

① 깃대에서 공이 멀은 순서대로 퍼팅을 한다.

② 홀 컵에서 2클럽 이내에 공이 위치한 경우, 동반자에게 통보하고 마크를 하거나 먼저 컵 인 또는 그대로 둘 수 있다.

③ 공이 같은 거리에 있을 경우는 순서를 정하여 퍼팅을 한다.

④ 공 마커가 방해가 될 경우는 좌·우측으로 클럽 헤드 2개 길이까지 이동을 요구할 수 있으며, 원위치를 할 경우는 역순으로 하여야 한다.

⑤ 그린의 오르막, 내리막, 좌우 경사를 확인하여 퍼팅 라인을 읽는 요령은 깃대의 반대쪽에서 보는 것도 좋다.

⑥ 경기자는 동반자의 퍼팅 라인을 밟지 않도록 주의하고, 동반자는 방해가 되지 않도록 조용히 대기한다.

⑦ 컵 인이 되면 자신의 타수를 동반자에게 알려 주고, 조원 모두가 퍼팅이 끝나면 다음 팀에게 수신호를 준 후 빠르게 이동하여, 다음 홀에서 스코어 카드를 기록한다.

⑧ 2번 홀부터 티 샷 순서는 이전 홀에서 경기 결과의 타수가 제일 적은 경기자의 순서로 하며, 동타인 경우는 이전 타수의 순서로 한다.

8) 스코어 카드(Score card) 기록하기

① 경기자는 샷을 하기 전에 "이름과 타수"를 말하여 타수를 정확하게 기록하도록 한다.

② 심판(홀 진행요원)이 있는 대회에서는 각 홀의 심판이 경기자의 이름 밑에 왼쪽 칸에는 正자로 샷을 할 때마다 표시하며, 컵 인 후에 아라비아 숫자로 기록한다.

③ 평상 시 동호인과 친선경기를 하는 경우는 컵 인 후 아라비아 숫자로 기록한다.

④ 홀마다 제일 많은 타수는 기준타수의 2배까지 기록한다.

⑤ 경기자는 모두 기록하는 것을 원칙으로 하며, 편의상 조장이 기록하는 경우는 홀마다 본인의 타수 기록을 서로 확인해야 한다.

⑥ 통상 9개 홀을 기준으로 각자의 타수를 합산하여 순위를 비교한다.

⑦ 18홀인 경우는 9홀마다 합산한 타수 누계가 제일 적은 타수 순서대로 순위를 결정한다. 이 때, 각 홀의 기록과 합산은 본인이 책임지며, 홀마다 실제 타수보다 적게 기록한 경우는 실격으로 처리하고, 더 많은 타수를 기록한 경우는 그대로 인정한다.

⑧ 경기자는 이름의 기재 누락, 스코어의 기재 오류, 집계 오류 등의 실수를 하면 실격처리를 하니 주의를 하여야 한다.

⑨ 스코어 카드(Score card) "예시"

조			A 코스							
성 명										
홀	거리	파	타수	비고	타수	비고	타수	비고	타수	비고
1	50m	3								
2	65m	4								

조			A 코스							
성 명										
홀	거리	파	타수	비고	타수	비고	타수	비고	타수	비고
3	70m	4								
4	140m	5								
5	42m	3								
6	55m	3								
7	68m	4								
8	77m	4								
9	40m	3								
소계		33								
합계										
경기자 서명										

9) 경기 방법

9-1) 경기 방법의 종류

① 스트로크 플레이(Stroke play)

가장 많이 사용하는 경기 방법이며, 홀 전체의 스코어를 합산하여 종합 점수로 순위를 결정하는 방법

② 매치 플레이(Match play)

각 홀의 타수 결과로 승자를 따져서, 이긴 홀의 수로 순위를 결정하는 방법

③ 기타 플레이

a. 쓰리 섬(Three some)

1인 대 2인의 경기로 양쪽에 각 1개의 공으로 경기하는 매치 플레이 방법

b. 포 섬(Four some)

2인 대 2인의 경기로 양쪽에 각 1개의 공으로 경기하는 스트로크 플레이 방법이며, 2인이 1개의 공으로 치기 때문에 팀 워크가 중요한 방식이다.

c. 쓰리 볼(Three ball)

3인이 서로 대항하여 각자의 공으로 매치 플레이하는 방법

d. 베스트 볼(Best ball)

1인 대 2인의 스코어가 좋은 사람과 매치 플레이하는 방법

e. 포 볼(Four ball)

2인 대 2인의 경기로 스코어가 좋은 사람과 매치 플레이하는 방법

9-2) 스트로크 플레이(Stroke play)와 매치 플레이(Match play) 비교

① 스트로크 플레이는 전체 스코어로 순위를 결정하고, 매치 플레이는 각 홀마다 승자를 결정하므로, 서로 다른 방법의 경기 전략이 필요하다.

② 스트로크 플레이는 스코어 합계가 적은 경기자가 승리하지만 매치 플레이는 각 홀마다 상대보다 스코어가 1타라도 덜 치면 승리한다.

③ 스트로크 플레이는 위험요소를 피하여 경기를 하는 방법이 필요하지만 매치 플레이는 홀 컵을 직접 보고 넣으려는 방법이 필요하다.

④ 매치 플레이에서 실수를 하면 스트로크 플레이 방법을 사용하여, 안전한 지점으로 공을 보내는 경기를 하여야 한다.

⑤ 매치 플레이에서는 전체 스코어가 중요하지 않으므로, 스코어보다 공격적인 경기를 하는 것이 중요하다.

⑥ 스트로크 플레이는 안전하고 확률이 높은 샷을 하여야 하지만 매치 플레이는 공격적인 샷을 성공시켜야 이길 수 있다.

10) 동타 시 순위 결정 방법

① 서든데스 방식(Sudden death type)

대회본부에서 지정한 홀에서 경기를 진행하면서 타수가 낮은 경기자가 이기는데, 동타 발생을 고려하여 니어 핀을 동시에 적용시켜 승자를 결정할 수 있다.

- 타수가 낮은 경쟁 방법은 각 홀의 타수를 비교하여 승부를 결정하며, 동타 시 다시 경기를 재개한다.

- 니어 핀을 적용 시 보통 Par3 홀에서 한번의 경기로 승자를 결정하는데, 티 샷을 하면 깃대로부터 거리를 측정하고, 저타수가 동타일 경우는 근접한 자가 승리한다. 이 때, OB가 난 공은 니어 핀 대상에서 제외되며, 타수로만 비교하게 된다.

② 백 카운트 방식(Back count type)

경기자가 경기를 시작하는 홀이 같게 또는 다르게 진행하고서 스코어 카드에 기록된 타수로 순위를 결정한다.

- 18홀인 경우

　　a. B 코스의 총 타수를 합산하여 비교한다.

　　b. 동타 시 B 코스 9번 홀부터 역순으로 B 코스 1번 홀까지, 1개 홀씩 타수를 비교한다.

- 36홀인 경우

　　a. D 코스→C 코스→B 코스→A 코스의 총 타수 순으로 비교한다.

　　b. 동타 시 D 코스 9번 홀부터 역순으로 1개 홀씩 타수를 비교한다.

- 순위 결정 방식은 대회요강에 명시하고, 대회 당일에 대회본부에서 공지하며, 대회에 참가한 경기자는 총 타수의 합산을 서로 비교하고, 스코어 카드의 서명란에 경기자 모두가 서명한 후에 대회본부에 제출한다.

11) 스코어(Score)를 줄이는 방법

① 절대로 OB를 내지 않으며, 거리와 방향에 집중한다.

② 스코어를 위한 전략을 세우고, 벙커와 러프에 빠지지 않도록 한다.

③ 스윙의 나쁜 습관을 제거한다

④ 경기 중에는 긍정적인 생각만 하고, 장타보다 안전한 티 샷을 한다.

12) 파크골프(Parkgolf) 고수가 되는 비법

① 스윙 동작의 원리와 경기규칙을 공부하여야 한다.

② 실력 증대를 위한 연습 스윙을 많이 하여야 한다.

③ 실력 차이를 쉽게 인정하며, 나는 안 된다는 열등의식을 없애야 한다.

④ 위기상황에서 실수를 먼저 생각하는 부담을 이겨내야 한다.

⑤ 멀리 치려는 것보다 안정적으로 쳐야 한다.

⑥ 일정한 스윙의 리듬과 타이밍을 유지하여야 한다.

⑦ 자신의 실수를 습관적으로 핑계를 대지 않아야 한다.

⑧ 스윙을 쉽게 하지 말고, 신중하게 하여야 한다.

⑨ 즐거운 마음으로 경기에 전념하여야 한다.

7.2 경기규칙

1) 스트로크(Stroke) 경기 총칙

① 파크골프는 경기자가 1개의 공을 가지고, 클럽으로 티잉 그라운드에서 경기를
시작하여, 1회 이상의 스트로크를 누계하면서 홀 컵에 넣는 것으로 이루어진다.

② 스트로크를 한 후, 원래의 위치로 되돌아가서 다시 칠 수는 없다.

③ "홀 컵(Hole cup)과 가깝지 않게 2클럽 이내"의 정의

- 최후에 OB 라인을 벗어난 지점에서 깃대를 보고 수직방향에 서서, 양팔을 벌
려서 좌·우측으로 2클럽 이내의 뒤쪽 반원지역이다.

- 홀 컵과 가까운 지역에 공을 놓고 샷을 하면 2벌타를 부여한다.

- OB의 경우는 OB 말뚝(라인)을 나간 지점, 언플레이어블의 경우는 공이 정지
된 지점에서 깃대를 보고 수직방향으로 서서, 양팔을 벌려서 좌·우측으로 2클
럽 이내의 뒤쪽으로 반원지역 내에 샷이 가능한 지점에 공을 놓는다.

- 앞의 각 항을 위반하였을 경우는 2벌타를 부여한다.

④ 홀(Hole)의 비정상적인 상태(수리지, 캐주얼 워터, 배수구, 예비 홀 컵, 스프링 쿨
러)와 분실구 등의 가까운 지점의 구제 방법

- 캐주얼 워터와 분실구의 구제는 공이 놓인 위치 또는 분실되었다고 예상되는
지점에서 가까운 지점으로 선정하는데, 스탠스가 걸리지 않고 스트로크가 가
능한 지점에서 홀 컵과 가깝지 않게 2클럽 이내에 공을 놓는다.

- 예비 홀 컵의 위 또는 걸쳐 있는 경우의 공은 클럽 헤드 2개 길이만큼, 그리고
캐주얼 워터, 수리지, 배수구, 스프링 쿨러에서는 페어웨이 좌·우측의 가까운
방향으로 처리할 경계선에서 홀 컵에 가깝지 않게 2클럽 이내에 공을 놓는다.

- 앞의 각 항을 위반하였을 경우는 2벌타를 부여한다.

2) 파크골프(Parkgolf) 벌타

　① 벌타는 모두 2타를 부여한다.

3) 스트로크(Stroke) 경기

　① 각 홀마다 타수를 누계하여, 코스별로 합산한 총 타수로 순위를 결정하는 경기
　　방법이다.

　② 합의의 반칙

　　경기자는 규칙의 적용에서 배제하기로 하거나 부여받은 벌타를 면제하기로 합
　　의하여서는 안 된다. 이를 위반하였을 경우는 관계자 모두를 경기 실격으로 처리
　　한다.

4) 용구

　① 경기자가 사용하는 클럽에 경기에 영향을 주는 부속물을 부착하여서는 안 된다.

　② 경기자가 1개의 클럽과 공으로 정해진 코스를 경기하여야 한다. 경기자의 클럽
　　이 경기 중에 손상되었거나 분실하였을 경우는 다른 클럽으로 교체할 수 있다.
　　다만, 분실된 클럽이 발견된 경우는 이것을 다시 사용할 수 있으며, 어느 경우나
　　동반자의 확인과 대회위원회의 재검사를 받아야 한다.

　③ 앞의 각 항을 위반하였을 경우는 경기 실격으로 처리한다.

5) 경기에 적합하지 않은 공(Ball)

　① 공에 균열 등이 있으면 경기에 적합하지 않은 공이므로, 적합하지 않다고 생각
　　할 경우에는 확인하기 위해서 벌타없이 공을 집을 수 있다. 이 때, 경기자는 동반
　　자에게 확인시킬 의사를 밝히고, 공의 위치를 마크한 후 공을 집어야 한다.

　② 경기에 적합하지 않은 공이라고 동반자의 확인을 받았을 경우는, 경기자의 예비
　　공으로 교체하여 마크한 지점에 공을 놓고 경기를 한다. 만약에 확인을 하지 못
　　한 경우는 손상된 공으로 경기를 한다.

③ 스트로크를 한 결과, 공이 2개 이상으로 분리된 경우에는 그 스트로크를 취소하고, 경기자는 예비공을 사용하여 벌타없이 다시 경기를 한다.

6) 경기자의 책임

경기자는 경기진행에 필요한 다음 조건을 숙지하여야 한다.

① 용구

용구의 관리 책임은 경기자에게 있으므로 구별할 수 있는 표시를 한다.

② 스코어 카드(Score card) 관리

- 경기자는 홀 아웃 시마다 동반자가 타수를 확인하고, 자신의 스코어 카드에는 동반자 전체의 타수를 기록한다. 심판(홀 진행요원)이 있는 경우는 경기자 전체의 타수를 기록하며, 경기자는 홀마다 자신의 타수를 확인한다.
- 경기가 종료되면 경기자는 홀의 타수와 합계를 확인하고, 동반자 전원이 서명을 하여 빠르게 대회본부에 스코어 카드를 제출하여야 한다. 이 때, 스코어 카드를 제출하지 않거나 서명을 누락한 경기자는 실격으로 처리한다.
- 경기자가 서명한 후, 제출한 스코어 카드는 기재 내용의 변경을 인정하지 않는다.
- 경기자가 특정 홀의 타수와 합계를 실제 타수보다 적게 기록하여 제출한 경우는 경기자 전원을 경기 실격으로 처리한다. 반대로 경기자가 실제의 타수보다 많은 타수를 기록하여 제출한 경우의 타수는 그대로 처리한다.

③ 지연 경기

- 경기자는 경기속도를 의도적으로 지연시켜서는 안 되며, 1개 홀의 경기가 종료되면 빠르게 다음 홀의 티잉 그라운드로 이동하여 스코어 카드를 기록한다.
- 경기자는 앞 팀과의 간격이 2개 홀 이상 벌어지지 않도록 해야 하는데, 발생 시에는 이유에 따라 대회본부에서 해당 팀원 모두에게 2벌타를 부여한다.

7) 연습 스트로크(Stroke)

① 경기 당일에 경기자는 경기 전에 코스에서 공을 치는 연습 스트로크를 하여서는

안 되며, 이를 위반한 경우는 경기 실격으로 처리한다.

② 경기 중에 공을 치는 연습 스트로크를 하여서는 안 되며, 이를 위반한 경우에는 경기 실격으로 처리한다.

8) 경기 순서

① 홀에서 제일 먼저 경기할 권리를 부여받은 경기자를 오너라고 말한다.

경기 시작 홀에서 티 샷의 순서는 순서뽑기, 가위바위보 등으로 순서를 정한다. 다음 홀부터는 앞 홀의 최저 타수의 경기자가 오너가 되고, 적은 타수의 순서로 경기를 한다. 만약에 앞 홀의 타수가 같은 경우에는 그 이전 홀의 타수로 순서를 정하여 경기를 한다.

② 티 샷 이후의 순서는 깃대에서 가장 먼 공의 경기자가 먼저 경기를 하여야 한다. 2개 이상의 공이 깃대에서 같은 거리에 있을 경우는 경기자끼리 순서를 정하여도 되지만 결정하기 어려운 경우는 이전 타순이 빠른 순서로 경기를 한다.

③ 개인전 또는 단체전의 팀간 샷 하는 순서를 지키지 않은 경우에는 에티켓 위반이므로 무벌타로 처리한다.

단, 단체전 중 일반 포 섬(팀별로 공 1개씩 경기)은 시작하는 홀의 티 샷부터 경기가 종료될 때까지, 위반하였을 경우에는 해당 팀에게 2벌타씩을 부여한다. 베스트 볼을 적용하는 포 섬(팀별로 공 2개씩 경기)은 홀 마다 모두 티 샷을 하고나서, 선택한 공으로 세컨드 샷부터 홀 아웃을 할 때까지 위반한 경우는 해당 팀에게 2벌타씩을 부여한다.

9) 티잉 그라운드(Teeing ground)

9-1) 티잉 그라운드(Teeing ground)의 티 업(Tee up)

① 홀마다 티 샷을 할 때는 공을 놓기 위한 티를 사용하여야 한다.

② 경기자는 지정된 티잉 그라운드 이외의 장소에서 티 샷을 할 수 없다.

③ 경기자는 티잉 그라운드 내에서 티 샷을 할 때, 발이 일부분이라도 티잉 그라운드 밖으로 벗어나서 스트로크를 하여서는 안 된다.

④ 방향을 정하는 표시물을 공 앞에 놓고 티 샷을 하여서는 안 된다.

⑤ 앞의 각 항을 위반할 경우는 2벌타를 부여한다.

⑥ 티잉 그라운드에서 스트로크를 하지 않고, 공이 클럽에 닿거나 움직이게 하였을 경우에는 1타를 가산하지 않고, 다시 티 샷을 한다.

⑦ 티 샷을 하였는데 1회 이상 공을 맞히지 못한 경우는 스트로크를 하지 않은 것으로 인정하며, 이는 매너 위반의 행위이다.

9-2) 티 마커(Tee marker)

① 티잉 그라운드에 설치되어 있는 티 마커는 고정 설치물이다. 경기자는 스탠스 또는 의도하는 스윙에 방해가 된다고 티 마커를 옮기거나 동반자에게 이동을 요구하는 것은 안 되며, 이를 위반하는 경우는 2벌타 부여한다.

9-3) 티 업(Tee up)한 공(Ball)이 떨어진 경우

① 경기자가 스윙을 하지 않은 경우, 공이 티에서 떨어졌다면 벌타없이 다시 티 샷을 할 수 있다.

② 티 샷을 한 결과, 공이 티잉 그라운드에 있는 경우는 연속하여 세컨드 샷을 하여야 한다.

③ 티 샷을 하여 클럽 헤드가 공에 가볍게 맞거나 바람의 영향을 받아서 티에서 떨어진 경우는 스트로크를 한 것으로 처리한다.

④ 티 샷이나 샷을 하기 전에 연습 스윙은 필요한 경우에 1회만 실시하며, 이 때에 공을 맞춘 경우는 스트로크를 한 것으로 처리하고, 정지한 지점에서 다음 경기를 한다.

⑤ 티 샷을 한 공이 장애물을 맞고, 티잉 그라운드 뒤쪽에 정지된 경우는 OB로 판정하고, 티잉 그라운드 뒷면 경계선을 벗어난 지점에서 깃대를 보고 수직 방향으로 서서, 양팔을 벌려서 좌·우측으로 2클럽 이내에 샷이 가능한 지점에 공을 놓고, 다음 경기를 한다.

9-4) 홀(Hole)을 잘못 진입한 경우

① 다른 홀의 티잉 그라운드에서 1명 이상이 스트로크를 하였을 경우, 그 홀을 홀 아웃하고, 원래 순서의 홀로 되돌아가서 경기를 하여야 한다. 이 경우에는 팀원 모두가 홀을 잘못 진입하여 경기를 하였으므로, 경기한 홀에 대한 2벌타를 부여한다.

② 또한, 다른 홀로 진입하여 연속된 경기를 하면 원래 순서의 홀에서 팀원 모두에게 잘못 진입한 홀의 수에 2벌타씩을 부여한다. 이 때, 원래 순서의 홀에는 더블 파를 적용하지 않는다.(로컬 룰 해당이 안 됨)

10) 공(Ball)은 있는 그대로의 상태에서 경기

① 별도의 규칙이 있는 경우를 제외하고, 공은 있는 그대로의 상태에서 경기를 하여야 한다. 이 때, 경기자에 의해 우연히 움직인 공은 무벌타로 구제한다.

② 경기자는 스트로크를 한 경우를 제외하고, 수목, 긴 풀 등에 접촉하거나 움직일 수 없는 장애물을 이동시키거나 자기의 공 주변의 상황을 개선하여서는 안 된다.

③ 클럽 헤드는 지면에 닿을 수는 있으나 지면을 누를 수는 없다.

④ 경기자는 스트로크를 취하는 경우에 양발을 지면에 단단히 자리를 잡을 수는 있으나 스탠스를 할 장소를 만들어서는 안 된다.

⑤ 앞의 각 항을 위반하였을 경우는 2벌타를 부여한다.

11) 준비자세와 스트로크(Stroke)

① 티 샷 이후, 경기자가 준비자세를 할 경우에 클럽 헤드가 공에 닿아서 공이 움직인 경우는 스트로크로 처리하고 1타를 가산한다.

② 경기자가 스트로크를 할 경우, 클럽 헤드가 공에 닿기 전에 스윙을 정지하거나 헛 스윙을 하여 공이 움직이지 않으면 스트로크를 하지 않은 것으로 처리한다. 그러나, 헛 스윙이 되어서 공이 움직인 경우에는 스트로크를 한 것으로 처리한다.

③ 경기자가 클럽의 샤프트, 그립의 끝으로 공을 쳐서는 안 된다.

④ 정상적인 스윙으로 공을 쳐야 하는데, 백 스윙없이 밀어치기, 당겨치기, 퍼 올려치기 등을 하여서는 안 된다.

⑤ 경기자는 1회 스트로크 중에 2회 이상 공이 클럽 헤드에 맞아서는 안 된다.

⑥ 경기자는 자기의 공이 움직이고 있는 동안은 스트로크를 하여서는 안 된다.

⑦ 경기자가 3항, 4항, 5항, 6항을 위반하였을 때는 그 경기는 스트로크로 간주하여 1타를 가산하며, 또한 부정한 타로 해서 2벌타를 부여한다.

⑧ 경기자가 스트로크를 한 공이 움직이고 있는 중에는 다음 순서의 동반자가 스트로크를 해서는 안 된다.

12) 뒤바뀐 공(Ball), 교체한 공(Ball)

① 경기자가 동반자의 공으로 스트로크를 한 경우에 타수는 가산하지 않고 동반자의 공을 원위치하며, 자기의 공 위치에서 2벌타를 부여하고, 다음 경기를 한다. 만약에 뒤바뀐 공의 경기자 모두가 스트로크를 한 후에 알았을 경우는 그 홀을 홀 아웃할 때까지 그대로 진행하고 2벌타를 부여한다.

② 다만, 1번 홀에서 공 거치대에 있는 동반자의 공으로 티 샷을 한 경우는 벌타가 없으며, 그 공을 회수하고 자기의 공으로 다시 샷을 한다.

③ 경기자가 9개 홀 내에서 공을 교체할 경우는 2벌타를 부여하며, 교체한 공은 경기 중인 공이 된다. 다른 공으로 교체하는 것이 허용되는 경우는 제외한다.

13) 그린(Green)

그린 위의 홀 컵에 세워진 깃대는 뽑지 않고 경기를 한다. 이를 위반하였을 경우는 2벌타를 부여한다.

13-1) 그린 위의 공(Ball)

① 그린 위의 공이 홀 컵에서 2클럽 이내인 경우, 경기자는 동반자에게 통보하고, 먼저 컵 인을 하거나 마크를 하거나 또는 그대로 둘 수가 있다. 이 때, 먼저 컵 인할 경우에는 동반자에게 알리고 홀 아웃을 한다.

② 컵 인을 안 하고 다음 홀에서 티 샷을 한 경우는 해당 홀에서 실격처리가 되므로 주의를 하여야 한다.(로컬 룰을 적용하는 경우에는 실격이 아닌 로컬 룰에 따른다.)

③ 공의 일부가 홀 컵 주변에 걸쳐 있는 경우는 그 상황의 시점부터 10초 내에 홀 컵으로 들어가면 컵 인으로 인정한다.

14) 공(Ball)이 움직이거나, 방향이 변경되거나, 정지된 경우

경기자의 스윙에 의하지 않고 공이 정지된 위치에서 다른 위치로 이동하여 정지된 경우, 그 공은 움직인 것으로 처리한다.

14-1) 정지된 공(Ball)이 움직인 경우

① 정지된 공이 국외자 및 동반자에 의해 움직이게 된 경우, 그 공은 움직이기 전에 있었다고 예상되는 지점에서 경기하여야 한다.

② 경기자가 스트로크를 한 경우, 경기자의 동작에 의하지 않고 공이 움직인 경우에는 그 스윙을 정지하고, 그 공이 정지된 지점에서 경기를 하여야 한다. 이 경우에는 스트로크를 하지 않은 것으로 처리한다.

③ 경기 중인 공은 경기자가 임의로 공을 집거나 건드리게 되면 2벌타를 부여하고, 원래 있었다고 예상되는 지점에 놓고 경기하여야 한다.

④ 경기자가 움직일 수 있는 장애물을 제거하는 과정에서 공이 움직인 경우는 벌타없이 그 공을 원래 있었다고 예상되는 지점에 놓고, 경기를 하여야 한다.

⑤ 정지되어 있는 동반자의 공이 경기자의 공에 의해 움직인 경우에는 누구에게도 벌타는 없고, 경기자의 공은 정지된 지점에서, 동반자의 공은 예상되는 원래의 지점으로 원위치하여 경기하여야 한다.

⑥ 앞의 각 항을 위반하였을 경우는 2벌타를 부여한다.

14-2) 움직이고 있는 공(Ball)이 방향을 변경하거나 정지된 경우

① 경기 중에 움직이고 있는 공이 국외자 또는 동반자에 의해 방향을 변경하거

나 정지하였을 경우는 벌타는 없고, 그 공은 최종적으로 정지된 지점에서 경기하여야 한다.

② 경기자의 공이 움직이고 있는 중에 경기자에 의해 방향을 변경하거나 정지된 경우는 경기자에게 벌타를 부여하고, 공이 멈춘 위치에서 경기하여야 한다.

③ 경기자가 스트로크한 공이 움직이고 있는 중에, 다음 순서의 경기자가 스트로크를 하여 경기자의 공과 충돌하여서는 안 된다. 만약, 충돌한 경우에 2개의 공은 정지된 위치에서(OB 시에는 OB 처리 후 벌타를 부여) 다음 경기를 하여야 하며, 다음 순서의 경기자에게 벌타를 부여한다.

④ 앞의 각 항을 위반하였을 경우는 2벌타를 부여한다.

15) 구제

15-1) 공(Ball)을 집어 올림

① 세컨드 샷부터 집어올린 공은 원위치를 하여야 하므로, 사전에 그 공의 위치를 마크하여야 한다. 마크하지 않고 집어든 공은 원래 있었다고 예상되는 지점에 놓고, 경기를 하여야 한다.

② 마크를 요구받았을 경우는 홀 컵을 바라보고 공 마커를 공 뒤에 놓고, 공을 집어야 한다. 이 때, 마크를 하는 중에 공을 건드려서 움직이면 벌타없이 공을 원위치한다.

③ 세컨드 샷부터 공 마커가 동반자의 경기에 방해가 될 경우는 클럽 헤드 2개 길이만큼 좌우로 이동할 수 있다. 이 때, 공 마커를 이동하는 순서와 원위치하는 방법을 지켜야 한다.

④ 앞의 각 항을 위반하였을 경우는 2벌타를 부여한다.

15-2) 공(Ball)을 원위치에 놓음(Replace)

① 공을 원래의 위치에 놓을 때는 마크한 경기자 자신이 원위치하여야 한다.

② 공 마커를 찾지 못했거나 옮겨져서 원위치를 확정할 수 없는 경우는 그 공이 정지되어 있었다고 예상되는 지점에 놓아야 한다. 이를 위반하였을 경우는 2

벌타를 부여한다.

15-3) 공(Ball)을 놓음(Place)

① 공을 놓을 경우는 경기자 자신이 놓아야 한다. 경기자에 의하여 움직여진 동반자의 공은 원래 있었다고 예상되는 지점으로 경기자가 이동시켜야 한다.

② 움직여서 공의 위치를 정할 수 없는 경우는 그 공이 정지되었다고 예상되는 지점에 놓아야 한다.

③ 공을 놓은 후에 공이 계속 움직일 경우는 깃대에 가깝지 않게 공이 정지될 수 있는 가까운 지점에 놓아야 한다.

15-4) 경기에 방해되는 공(Ball)

① 경기자가 동반자로부터 자신의 공을 마크하도록 요구를 받았을 경우는 마크를 하거나 동반자의 동의하에 먼저 샷을 할 수 있다. 이 경우에 집어든 공은 원위치를 하여야 하며, 세컨드 샷부터 마크 요구는 20m 이내의 공에 대하여 할 수 있다.

② 티 샷을 할 경우는 마크 요구를 할 수 없다.

③ 앞의 각 항을 위반하였을 경우는 2벌타를 부여한다.

16) 장애물

16-1) 움직일 수 있는 장애물

경기자는 움직일 수 있는 장애물에서, 다음과 같이 구제를 받을 수 있다.

① 공이 움직일 수 있는 장애물에 의해 스탠스나 스트로크의 방해가 될 경우는 그 장애물을 제거할 수 있다. 장애물을 제거하는 도중에 공이 움직인 경우는 벌타없이 움직인 공을 원래 있었다고 예상되는 지점에 놓아야 한다.

② 공이 움직일 수 있는 장애물 안이나 위에 있을 경우는 벌타없이 그 공을 집고서 장애물을 제거할 수 있다. 이 경우에 집어든 공은 원위치 한다.

③ 경기자가 티 샷을 할 경우는 모래 고르개, 공 회수용 뜰채가 정해진 위치에

있을 경우, 이것을 임의로 움직일 수 없다.

16-2) 움직일 수 없는 장애물

① 움직일 수 없는 장애물의 안 또는 위에 공이 있거나 이것에 근접해 있기 때문에, 경기자의 스탠스나 스트로크의 방해가 될 경우는 움직일 수 없는 장애물에 의해 장애가 생긴 것으로 인정한다.

② 코스 내에 배수구, 스프링 쿨러, 예비 홀 컵 위에 공이 있거나 겹쳐 있을 경우는 무벌타로, 홀 컵과 가깝지 않게 스탠스와 샷을 할 수 있는 가까운 지점(배수구, 스프링 쿨러는 2클럽 길이 이내, 예비 홀 컵은 클럽 헤드의 2개 길이)에 공을 놓고, 경기를 한다.

③ 샷을 하는 목표방향에 움직일 수 없는 장애물이 있는 경우는 구제없이 경기를 진행하여야 한다.

④ 1항의 장애물에 따라 공의 스트로크를 할 수 없는 경우에는 이를 구제 할 수 없다. 이 경우에는 경기자가 언플레이어블을 선언하고, 동반자가 확인한 후에 처리를 하여야 하며, 이를 위반한 경우에는 2벌타를 부여한다.

⑤ 움직일 수 없는 장애물에 공이 안착한 경우, 이를 훼손하면서 스트로크를 하면 2벌타를 부여한다.

16-3) 벙커(Bunker)

① 벙커에서 모래에 있는 공을 치기 쉽도록 클럽 헤드의 밑 부분으로 모래를 누르는 경우, 공 주위의 모래를 클럽이나 발로 고르는 경우, 백 스윙 없이 밀어내거나 퍼 올리는 샷을 하는 경우, 샷을 한 공이 벙커 턱을 맞고 되돌아올 때 무의식적으로 막는 경우는 모두 2벌타를 부여한다.

② 공을 맞추지 못하고, 주변의 모래를 친 경우는 스트로크를 하지 않은 것으로 처리한다.

16-4) 캐주얼 워터(Casual water)

① 일시적인 물웅덩이 속에 공이 있거나 그 속에서 스탠스를 취해야 할 경우, 또

는 공이나 스탠스의 일부가 물에 겹쳐질 경우에 경기자는 그 공의 상태로 경기를 하거나 캐주얼 워터로 구제를 받을 경우는 그 상태를 동반자의 확인을 받아서 처리할 수 있다. 단, 눈이나 얼음(이슬, 서리는 제외)은 경기자의 선택에 따라 캐주얼 워터 또는 움직일 수 있는 장애물로써 처리를 할 수 있다.

② 경기자가 앞 항의 규칙에 따라 구제를 받을 경우는 다음의 처리를 하여야 한다.

　a. 페어웨이의 경우

　　공을 집어 들고 해당 캐주얼 워터에서 나올 수 있도록 하기 위하여, 공이 정지된 지점에서 깃대를 보고 수직방향으로 서서, 좌·우측으로 캐주얼 워터를 벗어나서 홀 컵에 가깝지 않게 스탠스와 스트로크가 가능한 2클럽 이내의 지점에 벌타없이 공을 놓고, 다음 경기를 한다.

　b. 벙커 내의 경우

　　공을 집어 들고, 다음과 같은 지점에 공을 놓고 경기를 한다.

　　- 벙커 내에서 캐주얼 워터를 피할 수 있도록 하려면, 홀 컵에 가깝지 않고, 공이 있던 지점에서 스탠스와 스트로크가 가능한 벙커 내에 가까운 지점

　　- 벙커 내에 공을 놓을 장소가 없는 경우는 해당 캐주얼 워터를 피하여 홀 컵에 가깝지 않고, 공이 있던 지점에서 스탠스와 스트로크가 가능한 벙커 밖의 가까운 지점

③ 앞의 각 항을 위반하였을 경우는 2벌타를 부여한다.

16-5) 수리지(Ground under repair)

① 수리지 내에 공 또는 경기자의 스탠스 일부가 수리지에 걸쳐 있을 경우는 구제를 받을 수 있다.

② 경기자가 앞 항에 따라 구제를 받은 경우는 공이 정지된 지점에서 깃대를 보고 수직방향으로 서서, 양팔을 벌려서 좌·우측에 수리지역을 벗어나서, 스탠스와 스트로크를 할 수 있는 2클럽 이내의 지점에 공을 놓고 경기를 하여야 한다.

③ 앞의 각 항을 위반하였을 경우는 2벌타를 부여한다.

16-6) 워터 해저드(Water hazard)

① 워터 해저드에 공이 들어가면 구제는 받을 수 없고, 있는 그대로의 상태로 경기를 하여야 한다.

② 이 때, 워터 해저드 내에서 경기가 안 될 경우에는 경기자는 언플레이어블을 선언하고, 2벌타를 부여한다. 워터 해저드에 공이 떠 있는 위치에서 좌·우측 방향으로 2클럽 이내의 홀 컵에 가깝지 않은 지점에 공을 놓거나 별도의 표시(OB 티)에서 경기를 하여야 한다. 워터 해저드에 있는 공을 들은 경우는 언플레이어블을 선언한 것으로 처리한다.

③ 앞의 각 항을 위반하였을 경우는 2벌타를 부여한다.

17) 분실 또는 OB의 공(Ball)

① 분실한 공을 찾는 시간은 3분 이내로 하여 경기속도를 지연시키지 않도록 하고, 예비공이 없어서 경기진행이 안 될 경우는 경기 실격으로 처리한다.

② 공을 분실한 경우는 2벌타를 부여하고, 분실하였다고 예상되는 지점에서 깃대를 보고 수직방향으로 서서, 양팔을 벌려서 홀 컵에 가깝지 않게 2클럽 이내의 지점에서 예비공을 놓고 경기를 한다. 다만, 분실구로 처리하고 스트로크를 한 후에 공을 찾은 경우에는 그 공을 분실구로 처리한다.

③ OB 판정은 공이 안착된 지점에서 공을 위쪽에서 보아서 OB 라인 또는 2개의 OB 말뚝의 연장선에서 벗어난 경우에 OB로 판정한다. OB 판정은 경기자가 먼저 하고, 동반자의 확인을 받아야 하며, 이 때에 동반자 중 1명이라도 OB로 판정하면 OB로 처리한다. 만약, 동반자의 확인을 받지 않고, 경기를 하였을 경우는 OB로 처리하며, OB 처리의 위반으로 2벌타를 추가로 부여한다.

④ 그린 주변에 OB 라인이 설치된 경우는 정지한 공의 위쪽에서 보아서 경계선을 벗어난 경우를 OB로 판정한다.

⑤ 공이 OB가 되었을 경우의 처리는 마지막 OB 말뚝 또는 OB 라인을 벗어난 지점에서 깃대를 보고 수직방향으로 서서, 양팔을 벌려서 좌·우측에 2클럽 이내

의 홀 컵과 가깝지 않은 지점에 공을 놓고 다음 경기를 한다. 이 때, 공을 놓을 지점이 없는 경우는 별도의 표시(OB 티)에서 경기를 할 수 있다.

⑥ 그린 주변에서 OB가 난 경우의 처리는 첫 번째의 OB 말뚝과 두 번째의 OB 말뚝의 연장선에 수직방향을 기준하여 공이 벗어난 지점에서 깃대를 바라보고, 양팔을 벌려서 좌·우측으로 2클럽 이내의 깃대에 가깝지 않게 공을 놓고 경기를 하는데, 깃대를 향하여 직접 공략이 가능하다.

⑦ 앞의 각 항을 위반하였을 경우는 2벌타를 부여한다.

18) 언플레이어블(Unplayable)의 공(Ball)

① 경기자는 코스 내의 어디에 있더라도 자신의 공을 칠 수 없을 경우는 언플레이어블을 선언하여야 한다.

② 언플레이어블을 선언하게 되는 경우는 2벌타를 부여하며, 그 위치에서 깃대를 보고, 수직방향으로 양팔을 벌려서 좌·우측으로 2클럽 이내로 깃대에 가깝지 않은 지점에 공을 놓고 경기를 한다. 이 때, 샷이 가능한 지점이 없을 경우는 이전에 샷을 한 방향으로 이동하면서 샷이 가능한 지점에서 다음 경기를 한다.

19) 대회운영위원회 운영

① 위원회는 경기진행을 위하여 다음과 같이 필요한 내용을 제정한다.

- 위원회는 코스 정비 및 OB 구역, 수리지의 경계 등을 명확히 표시하고, 모든 설치물의 상태를 확인한다.

- 경기 당일에 경기자가 코스에서의 연습금지에 관해서는 대회요강 등에 공지하여야 한다.

- 위원회는 천재지변 등의 사유로 경기가 불가능한 상태라고 인정한 경우는 경기의 중지를 결정할 수 있고, 경기의 일부 또는 전부를 무효로 하여 스코어를 취소할 수 있다. 만약, 경기가 잠정적으로 중단되어 다시 재개될 경우는 중지된 위치에서 다시 경기를 하여야 한다.

- 위원회는 정당한 개인 사유가 있는 경우에는 경기 실격의 대상에서 제외한다.

② 로컬 룰(Local rule)

위원회는 파크골프장별 특성에 필요한 최소한의 로컬 룰을 대회 당일에 공지하여야 한다.

- 곡선의 통로(자전거 도로, 보행 도로 포함)에서 홀이 구분되어 있을 경우에 통로를 홀의 OB 지역 경계로 구분하여야 하는데, OB 말뚝으로 표시가 곤란한 경우에 말뚝없이도 통로의 홀쪽 라인을 OB 경계선으로 할 수 있다.
- 위원회에서는 임시 장애물(본부석, 방송 기재 등)에 의한 장애물에서의 구제 방법을 준비하여야 한다.
- 코스 보호를 해야 하는 특정 구역(잔디 육성지, 식수지, 재배지 등)을 경기 금지구역인 수리지로 표시한다.
- 도그 레그 홀(Dog leg hole)은 오른쪽 또는 왼쪽으로 굽어져 직진형이 아닌 상태의 홀을 말하며, 직접적으로 공략을 못하게 할 수 있다.

③ 별도의 표시(OB 티)

- 위원회는 워터 해저드와 그린 주변에서 OB가 난 공을 처리함에 있어서 공을 놓을 장소가 없을 경우에는 근접한 지점의 좌·우측에 별도의 표시(OB 티)를 할 수 있으며, 이를 경기자에게 공지하여야 한다.

④ 순위 결정

위원회는 대회에서 경기 방식, 홀 진입 방법을 포함하여 경기 스코어의 순위를 결정하는 방법 등을 경기자에게 공지하여야 한다.

⑤ 규칙에 없는 사항

분쟁의 쟁점이 경기규칙에 명시되어 있지 않을 경우에는 형평의 원칙에 따라 처리하고, 이후에 추가로 제정한다.

7.3 상황별 경기규칙 적용

1) 티 업(Tee up) 하기 전

① 경기 전, 경기 중 코스 내에서 연습 스트로크를 하는 경우 : 실격

② 경기 중 동반자에게 조언하는 경우 : 에티켓 위반

③ 경기 시작 후 도착한 경우 : 실격

2) 샷(Shot) 동작

① 클럽의 샤프트, 그립 끝으로 공을 친 경우 : 2벌타

② 백 스윙없이 밀어내기, 퍼 올리기, 끌어당기기 행위 : 2벌타

③ 클럽 헤드 면에 공이 2회 이상 동시에 맞는 경우 : 2벌타

3) 티잉 그라운드(Teeing ground)

① 티잉 그라운드를 일부라도 벗어난 스탠스로 티 샷을 한 경우 : 2벌타

② 샷 의도가 없는 연습 스윙 시 클럽 헤드에 공이 맞아 티에서 떨어진 경우 : 벌타 없음

③ 티잉 그라운드 외의 구역에 공을 놓고, 티 샷을 한 경우 : 2벌타

④ 티 샷 시 클럽 헤드에 살짝 맞거나 헛 스윙으로 공이 티에서 떨어진 경우 : 1타 가산

⑤ 티 위에 공을 놓지 않고서 티 샷을 한 경우 : 2벌타

⑥ 방향을 정하는 표지물을 놓고, 티 샷을 한 경우 : 2벌타

⑦ 티 샷을 한 공이 티잉 그라운드 후면에 정지한 경우 : 2벌타, OB 처리

⑧ 티 샷을 하기 전에 2회 이상 연습 스윙을 한 경우 : 매너 위반

4) 정지된 공(Ball)

① 놓여진 공 주위의 잔디, 모래 등을 클럽, 발 등을 이용하여 고르거나 샷 하기 좋게 개선하는 경우 : 2벌타

② 공 주변의 옮길 수 없는 장애물을 이동하는 경우 : 2벌타

③ 나뭇가지를 꺾거나 발로 걷어 올리는 경우 : 2벌타

④ 옮길 수 없는 장애물로 샷이 불가능한 경우에 언플레이어블을 선언하지 않고, 클럽으로 잡아당기는 샷을 한 경우 : 2벌타

⑤ 나무 밑의 공을 백 스윙없이 클럽으로 끌어당기는 경우 : 2벌타

⑥ 긴 풀에 파묻힌 공을 움직여서 자신의 공인지를 확인하는 경우: 2벌타

⑦ 공에 접근하여 고의로 공을 움직인 경우 : 2벌타

⑧ 공에 접근하여 무심결에 공을 밟은 경우 : 벌타 없음

5) 움직이는 공(Ball)

① 세컨드 샷 부터 준비자세의 동작 중 클럽으로 공을 건드려서 움직인 경우 : 1타 가산

② 샷을 한 공이 장애물을 맞고서 자신의 몸에 맞은 경우 : 2벌타

③ 준비자세 이후 백 스윙 도중에 공이 움직여서 백 스윙을 중지한 경우 : 벌타 없음

④ 경사면에서 움직이는 공을 클럽 또는 발로 막은 경우 : 2벌타

⑤ 움직이는 공이 동반자에 의해 멈춘 경우 : 벌타 없음

⑥ 충돌로 움직여진 동반자의 공을 원위치하지 않고 샷을 한 경우 : 2벌타

6) 공(Ball) 교환

① 경기 중에 임의로 공을 교체한 경우(동일 코스 1~9홀 내) : 2벌타

7) 오구

① 세컨드 샷부터 동반자의 공으로 샷을 한 경우 : 2벌타

② 1번 홀의 공 거치대에서 다른 경기자의 공으로 친 경우 : 벌타 없음

8) 공(Ball) 손상

① 공에 금이 간 경우 : 벌타 없음

② 공이 2개로 분리된 경우 : 벌타 없음

9) 마크(Mark)

① 마크 요구가 없는데 공을 임의로 집어서 이물질을 제거한 경우 : 2벌타

② 공을 먼저 집은 후에 마크하는 경우 : 2벌타

③ 마크한 뒤에 공 마커를 먼저 집은 후에 공을 놓는 경우 : 2벌타

④ 마크할 때 홀 컵과 가깝게 공 앞쪽 또는 옆에다 마크하는 경우 : 2벌타

⑤ 그린에서 퍼팅에 방해되어 공을 임의로 좌·우로 이동하는 경우 : 2벌타

⑥ 그린에서 공 마커를 좌·우로 이동한 후 원위치하지 않고 퍼팅한 경우 : 2벌타

⑦ 마크하는 도중에 공을 건들인 경우 : 벌타 없음

⑧ 티 샷에서 동반자의 공에 대해 마크를 요구한 경우 : 요구 불가

⑨ 20m 이상 거리의 동반자 공에 대해 마크를 요구한 경우 : 요구 불가

10) 움직일 수 있는 장애물

① 공 주변의 낙엽, 작은 돌, 나뭇가지 등을 치운 경우 : 벌타 없음

② 움직일 수 있는 장애물을 치우다가 공을 건드린 경우 : 벌타 없음

11) 움직일 수 없는 장애물

① OB 말뚝(라인)을 제거하고 샷을 하는 경우 : 2벌타

② 나뭇가지 등에 공이 걸려서 샷을 할 수 없는 경우 또는 장애물을 훼손하면서 샷을 하는 경우 : 2벌타

③ 안전망을 신체의 일부분으로 걷어 올리는 등의 행위 : 2벌타

④ 안전망 뒤에서 망을 먼저 치면서 공을 친 경우 : 2벌타

⑤ 백 스윙 도중에 안전망을 건드린 경우 : 벌타 없음

⑥ 깊은 러프에서 공 주변의 긴 풀을 정리한 경우 : 2벌타

⑦ 깊은 러프에서 샷을 하면서 공을 맞추지 못하고 긴 풀을 친 경우 : 1타 가산

⑧ 배수구, 예비 홀 컵에 공이 위에 또는 걸쳐 있는 경우 : 구제

⑨ 샷을 하는 목표방향에 고정 장애물이 있는 경우 : 구제 안 됨

12) OB 난 공(Ball)

① OB 경계를 나간 지점에서 홀 컵에 가깝게 2클럽 이상 공을 놓은 경우 : 2벌타

② OB 여부가 애매한 지점에서 동반자 또는 심판의 확인없이 샷을 한 경우 : 4
벌타

③ OB 라인이 샷에 지장이 있어서 밟고 샷을 한 경우 : 벌타 없음

13) 언플레이어블(Unplayable)

① 언플레이어블 상황에서 동반자에게 알리고 공을 집은 경우 : 2벌타

② 언플레이어블 선언 후에 공이 있던 지점에서 홀 컵과 가깝게 또는 2클럽 이상
인 곳에 공을 놓은 경우 : 2벌타

③ 2클럽 이내로 처리 시 샷을 할 위치가 없을 경우에 티잉 그라운드 방향으로 가
장 근접한 곳에 공을 놓는 경우 : 벌타 없음

14) 분실한 공(Ball)

① 경기 도중 분실구가 발생한 경우 : 2벌타

② OB가 난 공이 분실된 경우 : 2벌타

③ 경기진행의 지연 행위(3분 이상) 및 앞 팀과의 간격이 2홀 이상 벌어진 경우 :
2벌타

15) 그린(Green)

① 퍼팅을 좋게 하기 위해 잔디 등을 클럽으로 고르는 경우 : 2벌타

② 홀 컵에서 2클럽 이상의 거리에 있는 공을 임의로 마크한 경우 : 2벌타

③ 홀 컵에 가까이 있는 공을 무의식적으로 집은 경우 : 2벌타

④ 홀 컵에 가까이 있는 공을 한 손으로 퍼팅하는 경우 : 매너 위반

⑤ 깃대를 뽑고 퍼팅하는 경우 : 2벌타

⑥ 컵 인으로 홀 아웃을 하지 않고, 다음 홀에서 경기한 경우 : 실격

16) 벙커(Bunker)

① 공을 백 스윙없이 퍼 올리기 또는 밀어내거나 당겨 친 경우 : 2벌타

② 공 주변의 모래를 고르거나 눌러서 샷 하기 좋게 하는 경우 : 2벌타

③ 공을 맞추지 못하고, 모래를 친 경우(공이 움직인 것으로 간주) :
1타 가산

17) 캐주얼 워터(Casual water)

① 캐주얼 워터에 공, 스탠스가 걸치므로 홀 컵에 가까이 공을 놓은 경우 : 2벌타

② 벙커 내의 물웅덩이에 공, 스탠스가 걸쳐 있어서 벙커 밖으로 공을 꺼낸 경우 :
2벌타

18) 워터 해저드(Water hazard)

① 워터 해저드에 공이 빠져서 샷을 할 수 없는 경우 : 2벌타

② 수로에 빠져 움직이는 공을 쳐 내는 경우 : 2벌타

19) 홀(Hole)을 잘못 진입

① 잘못 진입하여 1개 홀을 경기한 경우 : 2벌타

② 3개 홀을 잘못 경기한 경우 : 6벌타

20) 수리지(Ground under repair)

① 흰색 말뚝 위에 청색 표시된 지역에 공이 들어간 경우, 수리지 밖의 홀 컵에 가
깝지 않게 스탠스와 샷이 가능한 지역에 공을 놓는 것을 위반한 행위 : 2벌타

21) 특설 장소의 위치 설치

① 공이 OB가 난 경우에 나간 지점에서 깃대를 보고 수직으로 서서, 양팔의 좌·우
방향으로 2클럽 이내에 공을 놓을 장소가 없을 때, 좌·우측에 특설 장소의 위
치(OB 티)를 설치할 수 있다. : 설치 가능

22) 기타

① 스코어 카드에 실제 타수보다 적게 기록한 경우 : 실격
② 규칙 적용을 배제하거나 부여받은 벌타를 면제하기로 합의한 경우 : 전원 실격

제8장

파크골프(Parkgolf) 용어

1. ㄱ(기역)

갤러리(gallery) 경기를 구경하는 사람들

경기자 파크골프 경기를 하는 사람

국외자 경기자, 동반자 이외의 3자로 동물, 물건 등

굿 샷(good shot) 경기 중에 동반자의 좋은 샷을 칭찬해 주는 말

그린(green) 페어웨이의 잔디보다 짧게 깎아놓은 지역이며, 홀 컵 주변에서 퍼팅하는 지역

그린 벙커(green bunker) 그린 주변의 벙커

그라운드(ground) 파크골프 경기장의 지면 전체

그립(grip) 고무 또는 가죽으로 된 클럽의 손잡이

2. ㄴ(니은)

나이스 샷(nice shot) 굿 샷과 같이 칭찬하는 말

나이스 인(nice in) 퍼팅한 공이 홀 인 되었을 때 동반자가 칭찬하는 말

3. ㄷ(디귿)

다운 블로(down blow) 공을 클럽 헤드로 내려치는 동작

다운 스윙(down swing) 백 스윙을 한 후에 정점에서 공을 향해 내려 오는 동작

더블 보기(double bogey) 기준타수보다 2타 많은 타수로 컵 인한 경우

더블 파(double par) 기준타수보다 2배 많은 타수로 컵 인한 경우

도그 레그 홀(dog leg hole) 홀 중에서 페어웨이가 개의 뒷다리 같이 오른쪽이나 왼쪽으로 굽어진 상태의 홀

동반자 함께 경기하는 경기자

드라이빙(driving) 티잉 그라운드에서 공을 치는 동작

드로(draw) 약간 왼쪽으로 휘면서 나아가는 구질

디봇(divot) 클럽 헤드에 맞아서 잔디가 패인 곳

4. ㄹ(리을)

라운드(round) 정해진 홀의 순서에 따라 경기를 진행하는 행위

라이(lie) 공이 지면에 놓여져 있는 위치나 상태

라인(line) 공과 홀 컵을 연결하는 가상선이며, 퍼팅 라인의 의미

라인 업(line up) 목표 홀을 향해서 몸을 정렬하는 동작

러프(rough) 페어웨이 양쪽의 바깥 지역으로 잔디 길이는 5cm 이상

러프 샷(rough shot) 러프 지역에서 클럽을 약간 덮어서 공을 쳐서 탈출하는 샷

로브 샷(lob shot) 의도적으로 공을 높이 띄워 치는 샷

로스트 볼(lost ball) 경기 중에 숲속, 러프 또는 물속으로 들어가 분실한 공이나 3분 이내에 찾지 못하는 상황의 공

로컬 룰(local rule) 기본 규칙 외에 파크골프장 자체의 규칙

로프트(loft) 클럽 헤드를 지면에 놓았을 때 헤드 면과 지면의 각도

레이 아웃(lay out) 조성한 코스 내의 홀의 배치상태

레이 업(lay up) 어려운 상황의 공을 좋은 위치로 보내는 샷

롱 홀(long hole) 일반적으로 제일 긴 홀을 말하며, Par5 홀을 의미

리플레이스(replace) 마크한 공을 되돌려 놓는 동작이나 행위

5. ㅁ(미음)

마운드(mound) 벙커나 그린 주변의 작은 언덕

마커(marker) 스코어 카드를 작성하는 기록자

마크(mark) 공이 있는 위치를 표시하는 것

매너(manner) 경기자가 지켜야 할 예절과 태도

메달리스트(medalist) 경기에서의 우승자

매치 플레이(match play) 홀별로 승부를 겨루어 이긴 홀 수가 많은 경기자가 승자가 되는 방식

미들 홀(middle hole) 통상적으로 Par4 홀을 지칭

미스 샷(miss shot) 경기 중의 실수로 공을 잘못 샷 한 것

6. ㅂ(비읍)

백 스윙(back swing) 준비자세를 한 다음 테이크 백을 시작으로 클럽을 뒤로 끌어올리는 동작

백 스윙 탑(top of back swing) 백 스윙의 정점

백 카운트(back count) 동타일 경우, 경기자의 스트로크 카드를 비교하여 순위를 결정하는 방식

버디(birdie) 기준타수보다 1타 적은 타수로 컵 인한 경우이며, 작은 새를 의미

벙커(bunker) 코스의 난이도를 높여 주기 위해 모래 등을 넣은 웅덩이

별도의 표시(OB 티) OB가 난 경우, OB 처리를 할 수 없는 특이한 홀에서 페어웨이 내 또는 그린 주변의 좌·우측에 설치

베이스볼 그립(baseball grip) 두 손의 손가락 모두로 그립을 감아 잡는 방법

베스트 볼(best ball) 1개 조 4명이 2:2로 팀을 각자의 공으로 티 샷을 한 후, 좋은 공 1개씩을 선택하여 이후 포 섬 방식으로 승부를 겨루는 방식

보기(bogey) 한 홀의 기준타수보다 1타 많은 타수

볼 마커(ball marker) 공의 위치에 놓은 표시물, 공 마커

볼 포켓(ball pocket) 예비공과 스코어 카드 등을 보관하는 용구

7. ㅅ(시옷)

사이드 벙커(side bunker) 경기장 옆으로 있는 벙커

샤프트(shaft) 클럽 헤드에서 그립까지 연결된 막대기

샷(shot) 클럽으로 공을 치는 동작, 볼 샷

샷 건(shot gun) 경기자를 전체 홀에 배치한 후, 신호에 따라 동시에 경기를 시작하는 방식

서든 데스(sudden death) 동타일 경우, 연장전에서 낮은 타수로 승부를 결정하는 경기 방식

수리지(ground under repair) 잔디를 새로 입힌 지역 등으로 경기를 금지하는 구역이며, 상단을 5cm 청색 띠로 표시

스트로크(stroke) 클럽 헤드가 공을 치기 위해 앞으로 움직이는 동작

스트로크 플레이(stroke play) 전체 홀을 라운드한 후 가장 적은 타수가 승자가 되는 경기 방식

스웨이(sway) 스윙할 때, 몸의 중심이 좌우로 흔들리는 동작

스윗 스폿(sweet spot) 공을 치는 클럽 헤드의 중심

스윙(swing) 클럽을 뒤쪽으로 이동하여 목표방향으로 폴로 스루를 하는 동작

스코어(score) 경기 기록 타수

스코어 카드(score card) 타수 기록지

스퀘어 스탠스(square stance) 두 발의 끝을 나란하게 한 자세

스탠스(stance) 경기자가 준비자세를 하기 위해 두 발의 위치를 정하는 방식

숏 게임(short game) 홀 컵 주변의 짧은 거리의 경기 방법

숏 홀(short hole) 통상적으로 Par3 홀을 지칭

슬라이스(slice) 공이 곧게 또는 왼쪽으로 가다가 낙하지점 부근에서 오른쪽으로 날아가는 구질

쓰리 볼(three ball) 3명이 1:2로 팀을 나누어 3개의 공으로 경기를 한 후, 팀별로 스코어가 좋은 1명끼리 타수를 기록하며 승부를 겨루는 방식

쓰리 섬(three some) 3명이 1:2로 팀을 나누고, 2명의 팀은 1개의 공을 번갈아 가며 경기를 하여, 홀별로 승부를 겨루는 방식

8. ㅇ(이응)

아크(arc) 스윙을 할 때 클럽 헤드가 그리는 선

안내판 경기장을 한 눈으로 볼 수 있게 기록해 둔 종합안내판

알바트로스(albatross) 기준타수보다 3타 적은 타수로 컵 인을 한 경우

어드바이스(advice) 경기자가 경기에 영향을 주는 조언, 농담 등

어드레스(address) 스윙을 하기 위한 준비자세

어프로치 샷(approch shot) 그린 주변에서 홀 컵에 공을 접근시키기 위한 샷

언더 파(under par) 기준타수보다 적게 친 점수, 반대 용어는 오버 파

언플레이어블(unplayable) 장애물 지역에서 공을 칠 수 없을 때, 경기 불가능에 대한 선언

에임(aim) 목표방향과 몸을 정렬하는 동작

에티켓(etiquette) 경기 중에 지켜야 할 사항

오구 자신의 공 이외에 공을 치는 동작

오너(honor) 티잉 그라운드에서 제일 먼저 티 샷을 하는 경기자

오버래핑 그립(overlapping grip) 오른손의 새끼손가락을 왼손의 검지나 검지와 중지 손가락 사이 위에 놓고 잡는 방법

오버 스윙(over swing) 클럽 헤드를 지나치게 크게 휘두르는 동작

OB(out of bounds) 1개 홀을 표시하는 흰색 말뚝이나 라인으로 된 경계를 벗어 난 경우는 벌타를 부여하며, 경기 금지구역, 아웃 오브 바운드 의 약자

오소 플레이 정지된 공의 위치에서 임의로 이동시키거나 원위치 없이 다음 경기 를 한 경우

오픈 스탠스(open stance) 왼쪽 발을 뒤로 빼는 자세

왜글(waggle) 클럽 헤드를 좌우로 흔드는 동작

움직일 수 없는 장애물 장애물 중에서 코스에 설치되어 있는 것으로 안전망, 배수 구의 뚜껑, OB 말뚝, 펜스, 화단의 담장 등

움직일 수 있는 장애물(loose impediment) 장애물 중에서 돌, 낙엽 등과 같이 고 정되어 있지 않은 자연물이나 모래 고르개 등의 인공 장애물

워터 해저드(water hazard) 바다, 하천, 연못, 배수로 등 물의 유무에 관계없는 수역

위너(winner) 경기에서 승리한 경기자

이벤트(event) 경기 또는 행사

이글(eagle) 기준타수보다 2타 적은 타수로 컵 인을 한 경우, 독수리를 의미

인터록킹 그립(interlocking grip) 왼손의 검지손가락을 오른손의 약지와 새끼손 가락 사이로 끼워서 잡는 방법

임팩트(impact) 스윙할 때 클럽 헤드로 공을 맞추는 동작

9. ㅈ(지읒)

장애물 자연물, 인공물의 구별없이 경기 중에 만나는 모든 장애물

정규 라운드 9개 홀을 기본단위로 설치

10. ㅊ(치읓)

출발 표지판 홀마다 설치하는 기본 제원(Par4, 75m)을 표시한 표지판

11. ㅋ(키읔)

카드(card) 스코어 카드의 줄임말

캐주얼 워터(casual water) 코스 내에 일시적으로 생긴 물웅덩이

컵 인(cup in) 공이 홀 컵 안으로 들어가는 상태로 한 홀의 경기종료

코스(course) 파크골프 코스의 줄임말이며, 9개 홀 단위로 구성된 경기구역, 경기가 허용되는 파크골프장 전체

코킹(cocking) 백 스윙을 할 때, 손목을 꺾는 동작

콘도르(condor) 기준타수보다 4타 적은 타수로 컵 인한 경우, 큰 독수리를 의미

쿼드러플 보기(quadruple bogey) 한 홀에서 기준타수보다 4타 많은 타수

쿼터 스윙(quarter swing) 4분의 1 스윙

크로스 벙커(cross bunker) 경기장을 가로지르는 벙커

클럽(club) 공을 치는 파크골프 채이며, 헤드, 샤프트, 그립으로 구성

클럽 하우스(club house) 경기장에 사무실, 휴게실 등이 있는 건물

클럽 헤드(club head) 공을 치는 타구면의 덩어리

클럽 페이스(club face) 공을 치는 타구면

클로즈 스탠스(close stance) 오른쪽 발을 뒤로 빼는 자세

12. ㅌ(티읕)

탑 스윙(top swing) 백 스윙의 정점

테이크 백(take back) 준비자세에서 백 스윙하기 위해 클럽을 뒤로 빼는 동작

템포(tempo) 스윙의 빠르기

트러블 샷(trouble shot) 공을 치기 어려운 상태에서 공을 쳐 내는 샷

티(tee) 티 샷을 하려고 공을 올려놓는 2.3cm의 고무 제품, 공 받침대

티 마커(tee marker) 티잉 그라운드에서 공을 놓고 샷 하는 지점 표시

티 박스(tee box) 티잉 그라운드의 별칭

티 샷(tee shot) 티잉 그라운드에서 공을 티 위에 놓고 1타를 치는 샷

티 업(tee up) 티 샷을 하려고 공을 티 위에 올려놓는 동작

티 오프(tee off) 라운드의 첫 번째 티 샷을 하는 것, 또는 경기를 시작하는 것을 의미

티잉 그라운드(teeing ground) 각 홀의 출발 장소로 티 샷을 하는 장소, 일명 티 박스

트리플 보기(triple bogey) 기준타수보다 3타가 많은 타수로 컵 인한 경우

13. ㅍ(피읖)

파(par) 홀의 기준타수

파우치(pouch) 경기 용품을 보관하는 휴대용 가방

파트너(partner) 경기를 함께 하는 동반자

퍼팅 라인(putting line) 퍼팅을 했을 때 공이 지나가는 선

패널티(penalty) 경기 중 벌칙으로 2점 벌타를 가산하는 것

퍼트(putt) 그린에서 클럽으로 공을 홀 컵에 넣는 동작

펀치 샷(punch shot) 공 뒤를 내리찍어 치는 타법, 대개 러프 샷을 할 때 사용

페어웨이(fairway) 티잉 그라운드에서 그린까지 최소 3m 이상의 폭의 잔디로 구성되어 있으며, 잔디 길이는 3cm 정도의 지역

포 볼(four ball) 1개 조 4명이 2:2로 팀을 나누어 4개의 공으로 경기 한 후, 팀별로 스코어가 좋은 1명끼리 타수로 승부를 겨루는 방식

포 섬(four some) 4명이 2인 1조로 경기를 하는 방식

폴로 스루(follow through) 임팩트 후에 클럽 헤드가 연속적으로 피니쉬까지 이동하는 단계

푸시(push) 밀어치는 샷

플레이 볼(play ball) 경기 중에 있는 공

플레이스(place) OB, 분실구 등의 규칙에 따라 공을 놓는 동작, 행위

플레이어(player) 파크골프장에서 경기를 하는 경기자

피니쉬(finish) 임팩트 이후에 폴로 스루를 하고 스윙이 끝난 상태

핀(pin) 홀의 위치 표시로 홀 컵의 중심에 세워진 깃대

14. ㅎ(히읗)

하프 스윙(half swing) 전체 스윙의 1/2만 움직이는 동작

헤드 업(head up) 공 치는 순간에 머리를 고정하지 못하고 드는 행위

헤드 페이스(head face) 클럽 헤드가 공과 접촉하는 부분, 헤드 면

해저드(hazard) 벙커, 연못, 물웅덩이 등의 모든 장애물 지역

홀 아웃(hole out) 같은 팀 전원이 한 홀이 끝나는 상태

홀 인 원(hole in one) 샷을 한 공이 1타로 홀 컵에 들어간 경우

홀 컵(hole cup) 그린에 설치된 공을 넣는 구멍(직경 20cm, 깊이 10cm 이상)

부록 1.
파크골프 자격증

국가자격증

다음은 국가자격 검증의 주요 내용을 작성한 것이며, 자세한 내용은 문화체육관광부 체육지도자 자격검정 및 연수 시행공고 등을 참고하세요.

1. 2급 생활스포츠지도사

1) 자격 정의

　스포츠지도사란 학교, 직장, 지역사회 또는 체육단체 등에서 체육을 지도할 수 있도록 국민체육진흥법에 따라 해당 자격을 취득한 사람을 말한다.

2) 자격 요건

　① 일반과정 : 18세 이상인 사람

　② 특별과정

　　- 해당 자격 종목의 유소년 또는 노인스포츠지도사 자격을 가지고, 동일한 종목의 자격을 취득하려는 사람

　　- 2급 장애인스포츠지도사 자격을 가지고, 보유한 자격 종목이 아닌 다른 종목의 자격을 취득하려는 사람

　　- 유소년 또는 노인스포츠지도사 자격을 가지고, 보유한 자격종목이 아닌 다른 종목의 자격을 취득하려는 사람

　③ 추가 취득 : 2급 생활스포츠지도사 자격을 가지고, 보유한 자격 종목이 아닌 다른 종목의 자격을 취득하려는 사람

3) 필기시험 과목(7과목 중 5과목 선택)

　① 선택(5과목) : 스포츠교육학, 스포츠사회학, 스포츠심리학, 스포츠윤리, 운동생리학, 운동역학, 한국체육사

4) 자격검정 절차

① 1차 필기시험

필기시험은 5과목 시험을 보고, 과목마다 100점 만점에 40점 이상 득점하고, 전 과목 평균 60점 이상 되어야 합격할 수 있다.

② 2차 실기시험

실기시험은 항목별 기술점수와 라운드 성적으로 평가한다. 항목별 기술점수는 티 샷, 어프로치 샷, 벙커 샷, 퍼팅을 2점씩 5회의 기회를 부여하며, 18홀 라운드 점수와 합하여 100점 만점에 70점 이상을 득점하여야 합격이 된다.

③ 3차 구술시험

구술시험은 실기시험 합격 여부에 관계없이 응시할 수 있는 선택사항으로 실기 시험 후 실시하며, 파크골프 규칙과 지도 방법, 종목별 특성을 답변한 내용과 태 도 점수를 합하여 100점 만점에 70점 이상을 받아야 한다.

④ 연수

연수과정(90시간)을 90% 이상을 참여하고, 연수태도, 체육지도, 현장실습에 대 한 평가점수, 각각 만점의 100분의 60 이상 달성해야 최종 합격이 된다.

5) 자격검정 기관 및 연수기관 지정현황

① 필기시험 검정기관 : 국민체육진흥공단

② 실기 및 구술 검정기관 : 대한체육회

③ 연수기관(27)

- 수도권(10) 경기대, 경희대, 동국대, 용인대, 인천대, 중앙대, 한양대, 한양대 (에리카), 숭실대, 을지대

- 경상(6) 경남대, 경상대, 계명대, 부경대, 안동대, 경북대

- 충청(4) 건국대, 충남대, 충북대, 호서대

- 전라(4) 군산대, 전남대, 전북대, 목포대

- 강원(2) 강릉원주대, 강원대

- 제주(1) 제주대

6) 유의 사항

① 동일 자격 등급에 한하여 연간 1인 1종목만 취득 가능

② 필기 및 실기, 구술시험 장소는 체육지도자 홈페이지에 공지

③ 필기시험 또는 실기 구술시험에 합격한 사람은 다음 해에 실시되는 해당 자격검정 1회 면제

2. 유소년스포츠지도사

1) 자격 정의

유소년스포츠지도사란 유소년(만 3세부터 중학교 취득 전까지)의 행동 양식, 신체 발달 등에 대한 지식을 갖추고, 해당 자격 종목에 대하여 유소년을 대상으로 체육을 지도하는 사람을 말한다.

2) 자격 요건

① 일반과정 : 18세 이상인 사람

② 특별과정

- 학교 체육교사로서 중등학교 정교사(1급, 2급) 또는 준교사 자격(체육과목)을 가지고, 학교에서 체육교사로 재직하면서 해당 자격 종목의 지도경력이 3년 이상일 것

- 해당 자격 종목의 전문 또는 생활 또는 노인스포츠지도사 자격을 가지고, 동일한 종목의 자격을 취득하려는 사람

- 2급 생활스포츠지도사 자격을 가지고, 보유한 자격 종목이 아닌 다른 종목의 자격을 취득하려는 사람

- 유소년스포츠지도사 자격을 가지고, 보유한 자격 종목이 아닌 다른 종목의 자격을 취득하려는 사람

3) 필기시험 과목(5과목)

① 필수(1과목) : 유아체육론

② 선택(4과목) : 스포츠교육학, 스포츠사회학, 스포츠심리학, 스포츠윤리, 운동생
리학, 운동역학, 한국체육사

4) 자격검정 절차

① 1차 필기시험

필기시험은 5과목 시험을 보고, 과목마다 100점 만점에 40점 이상 득점하고, 전
과목 평균 60점 이상 되어야 합격할 수 있다.

② 2차 실기시험

실기시험은 항목별 기술점수와 라운드 성적으로 평가한다. 항목별 기술점수는
티 샷, 어프로치 샷, 벙커 샷, 퍼팅을 2점씩 5회의 기회를 부여하며, 18홀 라운드
점수와 합하여 100점 만점에 70점 이상을 득점하여야 합격이 된다.

③ 3차 구술시험

구술시험은 실기시험 합격 여부에 관계없이 응시할 수 있는 선택사항으로 실기
시험 후 실시하며, 파크골프 규칙과 지도 방법, 종목별 특성을 답변한 내용과 태
도 점수를 합하여 100점 만점에 70점 이상을 받아야 한다.

④ 연수

연수과정(90시간)을 90% 이상을 참여하고, 연수태도, 체육지도, 현장실습에 대
한 평가점수, 각각 만점의 100분의 60 이상 달성해야 최종 합격이 된다.

5) 자격검정 기관 및 연수기관 지정현황

① 필기시험 검정기관 : 국민체육진흥공단

② 실기 및 구술 검정기관 : 대한체육회

③ 연수기관(6)

- 수도권(2) 을지대(성남 캠퍼스), 중앙대

- 경상(1) 경남대　　　- 충청(1) 호서대

- 전라(1) 광주대　　　- 강원(1) 카톨릭관동대

6) 유의 사항

① 동일 자격 등급에 한하여 연간 1인 1종목만 취득 가능

② 필기 및 실기, 구술시험 장소는 체육지도자 홈페이지에 공지 예정

3. 노인스포츠지도사

1) 자격 정의

노인스포츠지도사란 노인의 신체적, 정신적 변화 등에 대한 지식을 갖추고, 해당 자격 종목에 대하여 노인을 대상으로 생활체육을 지도하는 사람을 말한다.

2) 자격 요건

① 일반과정 : 18세 이상인 사람

② 특별과정

- 해당 자격 종목의 전문 또는 생활 또는 유소년스포츠지도사 자격을 가지고, 동일한 종목의 자격을 취득하려는 사람
- 2급 생활스포츠지도사 자격을 가지고, 보유한 자격 종목이 아닌 다른 종목의 자격을 취득하려는 사람
- 2급 장애인스포츠지도사 자격을 가지고, 보유한 자격 종목이 아닌 다른 종목의 자격을 취득하려는 사람

③ 추가 취득

노인스포츠지도사 자격을 가지고, 보유한 자격 종목이 아닌 다른 종목의 자격을 취득하려는 사람

3) 필기시험 과목(5과목)

① 필수(1과목) : 노인체육론

② 선택(4과목) : 스포츠교육학, 스포츠사회학, 스포츠심리학, 스포츠윤리, 운동생리학, 운동역학, 한국체육사

4) 자격검정 절차

　① 1차 필기시험

　　필기시험은 5과목 시험을 보고, 과목마다 100점 만점에 40점 이상 득점하고, 전 과목 평균 60점 이상 되어야 합격할 수 있다.

　② 2차 실기시험

　　실기시험은 항목별 기술점수와 라운드 성적으로 평가한다. 항목별 기술점수는 티 샷, 어프로치 샷, 벙커 샷, 퍼팅을 2점씩 5회의 기회를 부여하며, 18홀 라운드 점수와 합하여 100점 만점에 70점 이상을 득점하여야 합격이 된다.

　③ 3차 구술시험

　　구술시험은 실기시험 합격 여부에 관계없이 응시할 수 있는 선택사항으로 실기 시험 후 실시하며, 파크골프 규칙과 지도 방법, 종목별 특성을 답변한 내용과 태도 점수를 합하여 100점 만점에 70점 이상을 받아야 한다.

　④ 연수

　　연수과정(90시간)을 90% 이상을 참여하고, 연수태도, 체육지도, 현장실습에 대한 평가점수, 각각 만점의 100분의 60 이상 달성해야 최종 합격이 된다.

5) 자격검정 기관 및 연수기관 지정현황

　① 필기시험 검정기관 : 국민체육진흥공단

　② 실기 및 구술 검정기관 : 대한체육회

　③ 연수기관

　　- 수도권(3) 경희대(서울 캠퍼스), 연세대, 이화여대

　　- 경상(1) 신라대　　　　　- 충청(1) 대전대

　　- 전라(2) 목포대, 호남대　　- 강원(1) 카톨릭관광대

6) 유의 사항

　① 동일 자격 등급에 한하여 연간 1인 1종목만 취득 가능

　② 필기 및 실기, 구술시험 장소는 체육지도자 홈페이지에 공지 예정

③ 필기시험 또는 실기 구술시험에 합격한 사람은 다음 해에 실시되는 해당 자격검
정 1회 면제

4. 2급 장애인스포츠지도사

1) 자격 정의

장애인스포츠지도사란 장애 유형에 따른 운동 방법 등에 대한 지식을 갖추고, 해당
자격 종목에 대하여 장애인을 대상으로 전문체육이나 생활체육을 지도하는 사람
을 말한다.

2) 자격 요건

① 일반과정 : 18세 이상인 사람

② 특별과정

- 학교 체육교사로서 중등학교 정교사(1급, 2급) 또는 준교사 자격(체육과목)이
나 특수학교 정교사 또는 준교사 자격을 가지고, 특수교육기관에서 체육교사
로 재직하면서 해당 자격 종목의 지도 경력이 3년 이상일 것

- 해당 자격 종목의 국가대표선수로서 국제장애인올림픽위원회, 아시아장애인
올림픽위원회, 국제스포츠연맹, 국제장애인올림픽위원회 스포츠연맹, 국제장
애유형별 스포츠연맹에서 주최하는 국제대회 중 어느 하나에 참가한 경력이
있을 것

- (특례) 2008년부터 2011년까지 대한장애인체육회 실시한 장애인스포츠지도
사로서 연수를 수료한 후, 장애인을 대상으로 2년간 체육을 지도한 경력이 있
는 사람

- 2급 생활스포츠지도사 자격을 가지고, 보유한 자격 종목이 아닌 다른 종목의
자격을 취득하려는 사람

- 유소년스포츠지도사 자격을 가지고, 보유한 자격 종목이 아닌 다른 종목의 자
격을 취득하려는 사람

- 노인스포츠지도사 자격을 가지고, 보유한 자격 종목이 아닌 다른 종목의 자격
을 취득하려는 사람

3) 필기시험 과목(5과목)
① 필수(1과목) : 특수체육론
② 선택(4과목) : 스포츠교육학, 스포츠사회학, 스포츠심리학, 스포츠윤리,
운동생리학, 운동역학, 한국체육사

4) 자격검정 절차
① 1차 필기시험
필기시험은 5과목 시험을 보고, 과목마다 100점 만점에 40점 이상 득점하고, 전
과목 평균 60점 이상 되어야 합격할 수 있다.
② 2차 실기시험
실기시험은 항목별 기술점수와 라운드 성적으로 평가한다. 항목별 기술점수는
티 샷, 어프로치 샷, 벙커 샷, 퍼팅을 2점씩 5회의 기회를 부여하며, 18홀 라운드
점수와 합하여 100점 만점에 70점 이상을 득점하여야 합격이 된다.
③ 3차 구술시험
구술시험은 실기시험 합격 여부에 관계없이 응시할 수 있는 선택사항으로 실기
시험 후 실시하며, 파크골프 규칙과 지도 방법, 종목별 특성을 답변한 내용과 태
도 점수를 합하여 100점 만점에 70점 이상을 받아야 한다.
④ 연수
연수과정(90시간)을 90% 이상을 참여하고, 연수태도, 체육지도, 현장실습에 대
한 평가점수, 각각 만점의 100분의 60 이상 달성해야 최종 합격이 된다.

5) 자격검정 기관 및 연수기관 지정현황
① 필기시험 검정기관 : 국민체육진흥공단
② 실기 및 구술 검정기관 : 대한장애인체육회

③ 연수기관(5)
- 수도권(2) 용인대, 한국체육대
- 경산(1) 신라대
- 충청(1) 백석대
- 전라(1) 원광대

6) 유의 사항
① 동일 자격 등급에 한하여 연간 1인 1종목만 취득 가능
② 필기 및 실기, 구술시험 장소는 체육지도자 홈페이지에 공지 예정

5. 선택 과목별 개요

1) 스포츠심리학
일반심리학을 바탕으로, 스포츠 활동에서 인간의 행동과 이에 영향을 미치는 변인에 대해 연구하며, 운동제어·운동학습·운동발달 등을 학습하는 학문

2) 운동생리학
일반생리학 이론을 기반으로, 운동에 대한 인체반응 및 적응과정을 탐구하는 분야이며, 운동처방·트레이닝 등에 필요한 인체의 작용을 연구하는 학문

3) 스포츠사회학
스포츠와 사회의 관계에 중점을 두는 학문으로, 스포츠 현상을 사회현상으로 규정하는 이론과 연구 방법이며, 스포츠를 통한 인간의 사회행동 법칙을 규명하는 학문

4) 운동역학
일반역학을 기반으로, 스포츠 상황에서 인체의 움직임을 관찰하고, 그 움직임에 대한 설명과 원인을 규명하며, 운동학습 효과를 극대화시킬 수 있는 방안을 연구하는 학문

5) 스포츠교육학

일반교육학 이론을 기반으로, 체육교육에서 다루는 신체적, 정신적 교육을 포함하여, 사회의 다양한 공간에서 전개되는 스포츠의 교육적 행위를 과학적으로 연구하는 학문

6) 스포츠윤리

일반윤리학 이론에 기초하여, 스포츠의 특수한 상황에서 직면하는 도핑·스포츠맨십·성차별·페어 플레이 등 윤리문제 해결의 원리나 도덕적 기준을 다루는 학문

7) 한국체육사

우리나라의 체육과 스포츠를 역사적 방법으로 연구하며, 선사시대부터 현재에 이르기까지의 체육사상·스포츠문화·스포츠종목 등에 대해 연구하는 학문

민간자격증

1. (사)대한파크골프협회 파크골프지도자 2급

1) 주관 : 시/도 파크골프협회

2) 응시 자격 : 본 협회 회원으로 가입 후 1년 이상 활동한 자

3) 검정 기간 : 연 1~2회

4) 합격자 연수 : 필요 시(시/도 파크골프협회 주관)

5) 필기시험
  ① 합격 기준 : 60점 이상(100점 만점)
  ② 평가 내용 : 파크골프 일반, 용구, 코스 시설, 경기규칙
  ③ 문항수 : 25문제

④ 문제 유형 : 정오형 5문제, 사지선다형 15문제, 단답형 5문제

6) 실기시험

① 항목평가 합격기준 : 티 샷, 어프로치 샷, 벙커 샷, 퍼팅을 각 5회 실시하여, 각 3회 이상 성공해야 합격

② 실기평가 : 18홀을 라운드하여 66타 이하 합격

③ 항목평가 기준

- 티 샷 : 남자는 60m, 여자는 40m 이상 비거리 및 페어웨이에 안착 여부

- 어프로치 샷 : 깃대로부터 25m 거리에서 샷 하여 핀 3m 원 안에 안착 여부

- 벙커 샷 : 깃대로부터 5m 거리 벙커에서 탈출하면서 핀 2m 원 안에 안착 여부

- 퍼팅 : 깃대로부터 2m 거리에 컵 인 여부

2. (사)대한파크골프연맹 파크골프지도자 2급

1) 주관 : 시/도 파크골프연맹

2) 응시 자격 : 파크골프 지도자로 활동하고 싶으신 분

3) 검정 기간 : 수시 모집

4) 합격자 연수 : 필요 시(시/도 파크골프연맹 주관)

5) 필기시험

① 합격 기준 : 60점 이상(100점 만점)

② 평가 내용 : 스포츠사회학, 스포츠윤리, 파크골프 이론

③ 문항수 : 25문제

④ 문제 유형 : 사지선다형

6) 실기시험

　① 합격 기준 : 70점 이상(100점 만점)

　② 실기평가 기준

　　- 기본자세(20) : 복장 및 용구(10점), 그립 잡기(2점), 스탠스(2점), 준비자세(2점), 몸의 정렬(2점), 스윙(2점)

　　- 항목 평가(40) : 티 샷(10점), 어프로치 샷(10점), 벙커 샷(10점), 퍼팅(10점)

　　- 경기 기술(40) : 18홀 66타를 기준으로 타수별 배점

　　　　　　　60타 이하 40점,　　63타 이하 30점

　　　　　　　65타 이하 20점,　　66타~72타 10점

　③ 항목평가 기준

　　각 항목을 5회 실시하여, 3회 이상 합격 시 점수 획득

　　- 티 샷 : 남자는 60m, 여자는 40m 이상 비거리를 내면서 페어웨이에 안착 여부

　　- 어프로치 샷 : 깃대로부터 25m 거리에서 샷하여 깃대 주변 3m 원 안에 안착 여부

　　- 벙커 샷 : 깃대로부터 5m 거리 벙커에서 탈출하면서 깃대 주변 2m 원 안에 안착 여부

　　- 퍼팅 : 깃대로부터 2m 거리에서 홀 컵에 컵 인 여부

3. (사)대한파크골프연합회 파크골프지도자 2급

1) 주관 : (사)대한파크골프연합회

2) 응시 자격 : 파크골프 동호인 누구나

3) 검정 기간 : 수시모집

4) 합격자 연수 : 필수로 시행

5) 필기시험

  ① 합격 기준 : 60점 이상(100점 만점)

  ② 평가 내용 : 이론교육 3시간 후 파크골프 이해 20문제, 스포츠사회학 15문제, 스포츠윤리 15문제

  ③ 문항수 : 50문제

  ④ 문제 유형 : 사지선다형

6) 실기시험

  ① 합격 기준 : 70점 이상(100점 만점)

  ② 실기평가 기준

   - 기본자세(16) : 복장 및 용구(6점), 그립잡기(2점), 스탠스(2점), 준비자세(2점), 몸의 정렬(2점), 스윙(2점)

   - 항목 평가(24) : 티 샷(6점), 어프로치 샷(6점), 벙커 샷(6점), 퍼팅 (6점)

   - 경기 기술(60) : 18홀 66타를 기준으로 타수별 배점

        60타 이하 60점,   63타 이하 57점

        65타 이하 53점,   66타~72타 50점

  ③ 항목평가 기준

  각 항목을 5회 실시하여, 3회 이상 합격 시 점수 획득

   - 티 샷 : 남자는 60m, 여자는 40m 이상 비거리를 내면서 페어웨이에 안착 여부

   - 어프로치 샷 : 깃대로부터 25m 거리에서 샷하여 깃대 주변 3m 원 안에 안착 여부

   - 벙커 샷 : 깃대로부터 5m 거리 벙커에서 탈출하면서 깃대 주변 2m 원 안에 안착 여부

   - 퍼팅 : 깃대로부터 2m 거리에서 홀 컵에 컵 인 여부

부록 2.
전국 시·도파크골프장 및 주소

1. 강원특별자치도

파크골프장 이름	홀	주소
강릉파크골프장	18	강릉시 입암동 606-3
주문진파크골프장	9	강릉시 주문진읍 교황리 103-9 신리천
고성파크골프장	18	고성군 토성면 도원리 115-27
무능파크골프장	27	동해시 삼화로 163-10
금호설악리조트파크골프장	9	속초시 사당골길 43
속초시파크골프장	18	속초시 노학동 1000-242
속초경동대파크골프장	9	속초시 노학동 630-23
미로파크골프장	18	삼척시 미로면 무사리 산62-10
한반도섬파크골프장	36	양구군 양구읍 동수리 334-17
양양남대천파크골프장	45	양양군 양양읍 송암리 540 *공인구장
영월파크골프장	18	영월군 팔괴로 7-15(하송리 재방변)
간현파크골프장	18	원주시 지정면 간현리 1116-36
문막파크골프장	18	원주시 문막면 문막리 1071-17
학성파크골프장	18	원주시 학성동 36
행구수변공원파크골프장	9	원주시 행구동 1029
취병파크골프장	18	원주시 문막읍 취병리 438-37
태장파크골프장	36	원주시 태장동 1346-16 둔치
인제군파크골프장	27	인제군 인제읍 남북리 살구미길 27-5
현리근린공원파크골프장	9	인제군 기린면 현리 785 근린공원
녹송파크골프장	18	정선군 정선읍 봉양리 37-3
북평파크골프장	18	정선군 북평면 북평리 149-1 *공인구장
철원군파크골프장	36	철원군 갈말읍 군탄리 869
춘천서면파크골프장	18	춘천시 서면 박서로 800
춘천소양강파크골프장	18	춘천시 장학리 459-11
태백파크골프장	18	태백시 백두대간로 179 태백스포츠파크 내
대화파크골프장	18	평창군 대화면 하원동길 25
봉평파크골프장	18	평창군 봉평면 기운동길 12

파크골프장 이름	홀	주소
용평파크골프장	9	평창군 용평면 갈정지길 55-35
평창파크골프장	18	평창군 평창읍 제방길 101
홍천강변파크골프장	18	홍천군 홍천읍 갈마곡리 267-10
화천산천어파크골프장(1구장)	18	화천군 하남면 춘화로 3061-17 *공인구장
화천산천어파크골프장(2구장)	18	화천군 하남면 춘화로 3061-17 *공인구장
화천생활체육공원파크골프장	18	화천군 하남면 춘화로 3225-2 *공인구장
둔내파크골프장	9	횡성군 둔내면 둔방내리 563-3
둔내우용파크골프장	9	횡성군 둔내면 우용리 395-1
청일파크골프장	18	횡성군 청일면 유평리 613-1
횡성파크골프장	18	횡성군 횡성읍 앞들동2로 45-19

2. 경기도

파크골프장 이름	홀	주소
가평파크골프장	36	가평군 청평면 대성리 388-13 *공인구장
청심빌리지파크골프장	9	가평군 미사리로 191-16
성저파크골프장	18	고양시 일산서구 대화동 2320
정발파크골프장	9	고양시 일산동구 마두동 807 정발산배수지
중산파크골프장	9	고양시 일산동구 중산로 217 중산공원
화정파크골프장	9	고양시 덕양구 은빛로 77번길 14(화정동)
창석공원파크골프장	18	광주시 경안동 청석공원 내
인창파크골프장	9	구리시 인창동 22-5
군포시파크골프장	9	군포시 수변공원 내
군포초막골파크골프장	9	군포시 산본동 917-3 초막골생태공원 내
양촌파크골프장	9	김포시 황금로 127번길 215-1
김포레코파크골프장	18	김포시 걸포동 2-77
솔터체육공원파크골프장	18	김포시 마산동 642-13 (25년 예정)
남양주파크골프장	18	남양주시 다산동 739 다산근린공원 앞 왕숙천
삼패지구파크골프장	18	남양주시 삼패동 630

파크골프장 이름	홀	주소
남양주장애인파크골프장	9	남양주시 별내동 910
장애인파크골프장	9	남양주시 진건읍 송능2리 광해군묘
송내파크골프장	27	동두천시 송내동 696
동두천파크골프장	18	동두천시 송내동 696
강남탄천파크골프장	36	성남시 분당구 수내동 탄천변
수원시파크골프장	9	수원시 권선구 서수원로 577번길 171 체육관
시흥파크골프장	9	시흥시 목감동 신도시 내
장현파크골프장	9	시흥시 장현동 300 시흥시청 앞
안산신길파크골프장	18	안산시 단원구 신길동 1748
나리공원파크골프장	18	양주시 광사동 731
서종파크골프장	18	양평군 서종면 문호리 922-4 서종문화체육공원
양평파크골프장	81	양평군 강상면 교평리 419 *공인구장
양평장애인파크골프장	18	양평군 강상면 교평리 436-2
여주파크골프장	36	여주시 강변북로 241 *공인구장
연천파크골프장	36	연천군 군남면 진상리 610 군남대교 *공인구장
연천재인폭포파크골프장	9	연천군 연천읍 고문리 130-1
양지파인리조트파크골프장	9	용인시 처인구 양지면 남평로 112
포곡파크골프장	9	용인시 처인구 포곡읍 삼계리 671
용인아르피아파크골프장	9	용인시 수지구 죽전동 1003-98
장암파크골프장	18	의정부시 장암동 146-10 호장교 밑
청미천파크골프장	18	이천시 장호원읍 오남리 300-1 청미천 둔치
이천시파크골프장	18	이천시 안흥동 33
운정파크골프장	9	파주시 소리천로 91
파주파크골프장	18	파주시 교하로 577 심학산 배수지 입구
파주금강산랜드파크골프장	9	파주시 월롱면 위전리 89
평택파크골프장	9	평택시 비전동 1005-1
일동파크골프장	18	포천시 일동면 새낭로 267
포천파크골프장	36	포천시 일동면 사직리 913-4

파크골프장 이름	홀	주소
미사리파크골프장	9	하남시 미사동 608 하남나무고아원
하남시파크골프장	36	하남시 미사대로 505 미사경정공원 내
하남시파크골프장	18	하남시 미사대로 505
동탄2수질센터파크골프장	18	화성시 동탄면 방교동 795

3. 경상남도

파크골프장 이름	홀	주소
거제파크골프장	27	거제시 거제면 스포츠파크 내
옥포2동파크골프장	54	거제시 옥포2동 1000-1
거창파크골프장(제1구장)	18	거창군 거창읍 양평리 1126 *공인구장
거창파크골프장(제2구장)	18	거창군 거창읍 양평리 1126 *공인구장
거창강변파크골프장(제3구장)	18	거창군 거창읍 대평리 강변
거창파크골프장(제4구장)	18	거창군 거창읍 심소정길 강변
거창파크골프장(제5구장)	9	거창군 가조면 일부리 1121-1
술뫼파크골프장	72	김해시 한림면 시산리 506 *공인구장
조만강파크골프장	36	김해시 장유면 칠산로 127-25
마사파크골프장	36	김해시 생림면 마사리 915-7
남해파크골프장	18	남해군 스포츠파크길68 남해스포츠파크 내
창선파크골프장	18	남해군 창선면 상죽리 10-21
가곡파크골프장	18	밀양시 가곡동 743-2
무안파크골프장	9	밀양시 무안면 신법리 262-2
밀양파크골프장	45	밀양시 삼문동 631 *공인구장
삼량진파크골프장	9	밀양시 삼량진읍 송지리 456-6
하남파크골프장	9	밀양시 하남읍 수산리 418-5
우주항공파크골프장	9	사천시 정동면 예수리 420
금서파크골프장	9	산천군 금서면 동의보감로 645
단성(묵곡)파크골프장	18	산천군 단성면 묵곡리 932

파크골프장 이름	홀	주소
산청(모고)파크골프장	18	산천군 시천면 사리 900-48
생비량파크골프장	9	산천군 생비량면 가계리 939-2 생활체육공원 내
송정파크골프장	9	산천군 생초면 어서리
신등파크골프장	14	산천군 신등면 단계리 859
신안파크골프장	18	산천군 신안면 중촌갈전로 122
산천군(덕산)파크골프장	18	산천군 시천면 사리 900-48
오부파크골프장	9	산천군 오부면 일물리 456-1
차황파크골프장	9	산천군 차황면 친환경로 3581
가산파크골프장	36	양산시 동면 가산리 799
가야진사파크골프장	9	양산시 원동면 용담들길 43-62
양산파크골프장	18	양산시 웅상읍 소주동 소남교 둔치
황산파크골프장	18	양산시 물금읍 증산리 967-1
도동파크골프장	9	진주시 도동천로 310 대림아파트 앞 둔치
사봉파크골프장	18	진주시 사봉면 사곡리 1853
상락원파크골프장	6	진주시 판문오동길 115번길 62-33
송백리파크골프장	36	진주시 금산면 송백리 660-1 *공인구장
정촌파크골프장	9	진주시 정촌면 예하리 1297-15
종합경기장파크골프장	9	진주시 동진로 415 진주종합경기장 내
지수파크골프장	9	진주시 지수면 용봉로 150번길 23
칠암파크골프장	9	진주시 주약동 776-1 칠암강변 둔치
평거파크골프장	18	진주시 평거동 614-11
하대둔치파크골프장	9	진주시 하대동 37-1 하대동 체육시설둔치
상평파크골프장	9	진주시 상평동 278-6 남강둔치
도천파크골프장	18	창녕군 도천면 도천리 770
이방파크골프장	18	창녕군 이방면 장천리 950
창녕유어파크골프장	18	창녕군 유어면 미구리 588
광석골파크골프장	9	창원시 진해구 장천동 21
대원파크골프장	9	창원시 의창구 두대로 46 대상공원 내

파크골프장 이름	홀	주소
마전비치파크골프장	18	창원시 마산합포구 구산면 마전리 95
용원파크골프장	18	창원시 진해구 진해대로 1099번길 149
대산파크골프장	18	창원시 의창구 대산면 북부리 196-2
진해풍호파크골프장	9	창원시 진해구 풍호동 26-1
호계파크골프장	18	창원시 마산회원구 내서읍 호계리 503
섬진강파크골프장	18	하동군 고전면 전도리 882-3
진교파크골프장	36	하동군 진교면 송원리 51-412
횡천파크골프장	18	하동군 횡천면 횡천리 639-3
군북파크골프장	36	함안군 군북면 사도리 1306 *공인구장
칠서강나루파크골프장	45	함안군 칠서면 이룡리 972
함안파크골프장	27	함안군 법수면 법정로 200-39
함양파크골프장	18	함안군 함양읍 하림강변길 131 하림공원 내
함안여항선파크골프장	18	함안군 함안면 샛담길 35-15
동부권파크골프장	18	합천군 적중면 상부리 242
봉산파크골프장	9	합천군 봉산면 서부로 4344-11
북부권파크골프장	18	합천군 야로면 월광리 388-1
쌍백파크골프장	9	합천군 쌍백면 중앙로 63
용주파크골프장	27	합천군 용주면 성산리 1085-1
율곡파크골프장	18	합천군 율곡면 영전리 786-1
합천군파크골프장	36	합천군 합천읍 합천리17-1 *공인구장

4. 경상북도

파크골프장 이름	홀	주소
경산파크골프장	18	경산시 대평동 75-2
하양파크골프장	18	경산시 하양읍 동서리 164-3
하양물빛파크골프장	27	경산시 하양읍 대조리 788-1
알천파크골프장	18	경주시 구황동 290-5

파크골프장 이름	홀	주소
건천파크골프장	9	경주시 건천읍 천포리 1112
경주파크골프장	18	경주시 석장동 1169-1
경주쉐르빌파크골프장	18	경주시 천북면 새터 홍림길 51
다산파크골프장	27	고령군 다산면 사문진로 174
대가야파크골프장	36	고령군 대가야읍 장기리 320-1 *공인구장
고아파크골프장	36	구미시 고아읍 예강리 695-1
구미파크골프장	54	구미시 고아읍 괴평리 1123
도개파크골프장	36	구미시 도개면 궁기리 829-1
동락파크골프장	36	구미시 진평동 880 *공인구장
선산파크골프장	36	구미시 선산읍 원리 1057-26
양포파크골프장	18	구미시 양호동 607-2
어울림파크골프장	18	구미시 신평동 구미시산업로 193-105
구미시장애인파크골프장	18	구미시 원평동 964-1
해평파크골프장	18	구미시 해평면 낙산리 1095-34
김천파크골프장	27	김천시 지좌동 157-1
문경파크골프장	45	문경시 창리강길 45 *공인구장
봉화파크골프장	18	봉화군 봉화읍 내성리 내성천 둔치
상주파크골프장	36	상주시 병성천2길 44
벽진면파크골프장	9	성주군 벽진면 체육공원
선남면파크골프장	18	성주군 선남면 관화리 714 체육공원 내
성주읍파크골프장	9	성주군 성주읍 경산리 경산교 일대(성밖숲 건너편)
강남파크골프장	36	안동시 정상동 779
계평파크골프장	27	안동시 계평리 717
금소파크골프장	18	안동시 임하면 금소리 생태공원
옥동파크골프장	18	안동시 옥동 1381-5
용상파크골프장	9	안동시 용상동 구 안동병원 앞
철우파크골프장	9	안동시 운흥동 구 안동역 내

파크골프장 이름	홀	주소
하리파크골프장	18	안동시 송천동 하리체육공원
병곡파크골프장	36	영덕군 병곡면 송천리 434-1
영덕파크골프장	18	영덕군 천전길 364-5
영해파크골프장	9	영덕군 영해면 영덕로 1582 영해생활체육공원 내
영양군파크골프장	27	영양군 영양읍 삼지리 200 삼지수변공원 내
영주파크골프장(1구장)	36	영주시 가흥동 1382 영주교 밑
영주파크골프장(2구장)	18	영주시 가흥동 46 가흥제1교 밑
풍기파크골프장	18	영주시 풍기읍 창락리 303-1 남원천변
영천조교파크골프장	36	영천시 조교동 51-1 *공인구장
오수파크골프장	36	영천시 오수5길 75
예천파크골프장	36	예천군 예천읍 왕신길 84-9 *공인구장
남대천파크골프장	9	울진군 평해읍 평해리 538-4
울진(왕피천)파크골프장	36	울진군 근남면 수산리 364-3
금성파크골프장	9	의성군 금성면 탑운길 99
다인문암파크골프장	18	의성군 다인면 삼분2길 259
단북파크골프장	9	의성군 단북면 단북다인로 168
비안파크골프장	18	의성군 비안면 이두리 이두교
사곡파크골프장	9	의성군 사곡면 의성사곡로 995-9
서의성파크골프장	54	의성군 안계면 소보안계로 1907
의성군파크골프장	36	의성군 비안면 동부리 162-1
점곡사촌문화골프장	9	의성군 점곡면 점곡길 53
성조천파크골프장	9	의성군 의성읍 북원3길 35
각북파크골프장	18	청도군 각북면 낙산1길 산들팬션 앞
금천파크골프장	18	청도군 금천면 동곡리 새들보 옆
매전파크골프장	18	청도군 매전면 온장길 123 장연생태공원
청도파크골프장	27	청도군 청도읍 사기점길 24
청송파크골프장	18	청송군 청송읍 송생리 784-1

파크골프장 이름	홀	주소
가산파크골프장	9	칠곡군 가산면 송학리 268
덕산파크골프장	9	칠곡군 약목면 덕산리 348-7
북삼파크골프장	18	칠곡군 북삼읍 어로리 743-1
석적파크골프장	36	칠곡군 석적읍 남율리 403
왜관파크골프장	18	칠곡군 왜관읍 왜관리 1282
흥해곡강천파크골프장	36	포항시 북구 흥해읍 용전리 965 곡강천 둔치
지곡파크골프장	18	포항시 남구 지곡로 212번길 11
형산파크골프장	36	포항시 남구 해도동 119-1 형산강변체육공원
형산장애인전용파크골프장	18	포항시 남구 형산강북로 371

5. 광주광역시

파크골프장 이름	홀	주소
서봉파크골프장	36	광산구 서봉동 205-6 *공인구장
첨단체육공원파크골프장	9	광산구 쌍암동 695-3 첨단생활체육공원 내
승촌파크골프장	18	남구 승촌동 588-47 승촌공원 내 *공인구장
무등산파크골프장	9	동구 남문로 418-13
대상파크골프장	9	북구 월촌동 968
북구파크골프장	18	북구 연제동 730 북구종합운동장 내
효령파크골프장	9	북구 하서로 950
승촌파크골프장	18	서구 승촌동 588-47 승촌공원 내
염주파크골프장	9	서구 금화로 278
덕흥파크골프장	9	서구 덕흥동 157

6. 대구광역시

파크골프장 이름	홀	주소
고로파크골프장	18	군위군 삼국유사면 석산리 560
군위파크골프장	18	군위군 군위읍 내량길 28-60

파크골프장 이름	홀	주소
소보파크골프장	18	군위군 봉황리
우보파크골프장	9	군위군 미성리
효령파크골프장	9	군위군 효령면 장기리 116
남구파크골프장	9	남구 봉덕동 산128-1
달서강창파크골프장	27	달서구 파호동 401-2
수림지파크골프장	18	달서구 대천동 699
가창파크골프장	18	달성군 가창면 옥분리 788-1 가창체육공원
강창파크골프장	18	달성군 다사읍 매곡리 91
과학관공원파크골프장	9	달성군 유가읍 상리 916-1
구지1호근린공원파크골프장	18	달성군 구지면 내리 840 산업단지1호 근린공원
구지평촌파크골프장	18	달성군 구지면 평촌리 1-10
논공위천파크골프장	18	달성군 논공읍 위천리 651 *공인구장
다사파크골프장	36	달성군 다사읍 매곡리 344-3 금호강변 세천교
달성보파크골프장	18	달성군 논공읍 남리 6-5 달성보 하류
서재파크골프장	18	달성군 다사읍 다사로 882 환경자원사업소
성서5차산업단지파크골프장	9	달성군 다사읍 세천리 1691
원오교파크골프장	18	달성군 현풍면 원교리 889-2 원오교
유가한정파크골프장	18	달성군 유가읍 한정리 596-1 차천변
진천파크골프장	18	달성군 화원읍 구라리 1400
하빈파크골프장	27	달성군 하빈면 봉촌리 1200-3
동구도평파크골프장	9	동구 도동 도평동행정복지센터 맞은편
동구봉무동파크골프장	36	동구 봉무동 1097-5 빗물펌프장(금호강변)
불로파크골프장	27	동구 불로동 866-2
동구숙천파크골프장	9	동구 숙천동 212-2
강변파크골프장	45	북구 서변동 1506 강변축구장 옆
무태파크골프장	18	북구 서변동 산격대교 밑
북구검단파크골프장	27	북구 검단동 276
사수파크골프장	36	북구 사수동 금호강 둔치

파크골프장 이름	홀	주소
노곡파크골프장	27	북구 노곡동
비산파크골프장A-B	18	서구 비산동 2127 매천대교 밑
비산파크골프장C-D	18	서구 비산동 2127 매천대교 밑
달서강창파크골프장	27	서구 파호동 401-2
수림지파크골프장	18	서구 파호동 699
수성파크골프장	27	수성구 고모동 6-2 *공인구장
수성팔현파크골프장	27	수성구 고모동 20-3 수성패미리파크
화원진천파크골프장	18	화원읍 구라리 1400

7. 대전광역시

파크골프장 이름	홀	주소
을미기파크골프장	18	대덕구 대덕대로 1448번길 120 을미기공원
버드내-태평파크골프장	18	중구 태평동 515-2(가장교-태평교)
유등파크골프장	27	서구 만년동 424
갑천파크골프장	18	유성구 탑립동 211-2

8. 부산광역시

파크골프장 이름	홀	주소
대저생태공원파크골프장	54	강서구 대저1동 1-5 대저생태공원 내
범밤파크골프장	18	강서구 범범동 1998
사암파크골프장	18	강서구 신호공단 내
신호파크골프장	9	강서구 신호산단로72번길 46
오륜파크골프장	9	금정구 오륜동 657-2
기장파크골프장	6	기장군 정관읍 모전리 677 물빛공원 내
화명파크골프장	54	북구 화명동 1718-17 화명생태공원 내
삼락다이나믹파크골프장	36	사상구 삼락동 29-42
삼락18파크골프장	18	사상구 삼락동 658-2

파크골프장 이름	홀	주소
삼락9&9파크골프장	18	사상구 삼락동 658-1
강변파크골프장	9	사하구 을숙도대로 466 강변환경공원 내

9. 서울특별시

파크골프장 이름	홀	주소
탄천그린파크골프장	27	강남구 세곡동 1-3 등(대곡교 인근)
강동파크골프장	9	강동구 천호동 481-6 한강고수부지, 광진교
서남물재생센터공원파크골프장	9	강서구 양천로 201 서남물재생센터
안양천9홀파크골프장	9	구로구 신도림동 271-84 도림천역 부근
안양천18홀파크골프장	18	구로구 구로동 642 교척교 하단 *공인구장
안양천파크골프장	27	구로구 고척동 60-1 *공인구장
한내천파크골프장	18	금천구 가산동 557-2
중랑천파크골프장	9	노원구 월계동 230-10 중량천변
동대문구중랑천파크골프장	9	동대문구 장안동 군자교 다리 밑
월드컵파크골프장	18	마포구 하늘공원로 86
잠실파크골프장	9	송파구 올림픽로 25 잠실종합운동장 내
안양천파크골프장	18	양천구 안양천로 1138
양평누리파크골프장	18	영등포구 양화동 4-1 *공인구장
한강파크골프장	9	영등포구 여의도동 86

10. 세종특별자치시

파크골프장 이름	홀	주소
금강파크골프장	36	세종동 747-321
대평파크골프장	9	대평동 578-12
부강파크골프장	16	부강면 금호리 82 부강생활체육공원 내
오가낭파크골프장	9	한누리대로 651
조천파크골프장	9	조치원읍 새내22길 서창천교 옆
중앙공원파크골프장	9	연기면 세종동 1204

파크골프장 이름	홀	주소
한솔파크골프장	9	가람동 765

11. 울산광역시

파크골프장 이름	홀	주소
남구대공원파크골프장	18	남구 대공원로 94 울산대공원
남구태화강파크골프장	36	남구 신정동 391
쇠평파크골프장	18	동구 남목3동 산153
동구파크골프장	18	동구 미포산업로 188
동천파크골프장	27	중구 남외동 508-1
진장파크골프장	27	북구 진장동 400
울주군범서파크골프장	18	울주군 범서읍 천상리 1041-77 태화강변
울주군청량파크골프장	18	울주군 청량읍 덕하리 979-63

12. 인천광역시

파크골프장 이름	홀	주소
장수파크골프장	18	남동구 만수동 668
공촌수유지파크골프장	18	서구 첨단서로 130 공촌수유지체육시설
선학파크골프장	9	연수구 경원대로 526
인천송도파크골프장	18	연수구 송도동 1 달빛공원 내 *공인구장
영종파크골프장	9	중구 중산동 1878-2

13. 전라남도

파크골프장 이름	홀	주소
곡성동악파크골프장	18	곡성군 곡성읍 죽동리 체육공원 내
오곡파크골프장	9	곡성군 오곡천변 내
광양시파크골프장	18	광양시 강변동길 216

파크골프장 이름	홀	주소
구례군파크골프장	9	구례군 서시천로 106
송월동파크골프장	9	나주시 성북동 100
영산포체육공원파크골프장	18	나주시 삼영동 131-1
혁신도시파크골프장	9	나주시 빛가람동 4-346
담양제1파크골프장	36	담양군 담양읍 양각샛길 207
담양제2파크골프장	18	담양군 담양읍 양각리 348
남해파크골프장	9	목포시 연산동 864
부주산국제파크골프장	27	목포시 부주로 159 *공인구장
북항파크골프장	9	목포시 북항 하수종말처리장
삼학도파크골프장	9	목포시 산정동 삼학도
상동파크골프장	9	목포시 상동 연동건널목 석현동 산거리
서해파크골프장	9	목포시 연산동 825-2
실내체육관파크골프장	9	목포시 상동 349-1
남악파크골프장	18	무안군 심향읍 남악리 2597
무안파크골프장	18	무안군 무안읍 성동리 1086-3
보성미니파크골프장	9	보성군 보성읍 용문길 36-16
복내파크골프장	18	보성군 복내리 536-16
상사파크골프장	13	순천시 상사면 응령리 678-7
서면파크골프장	9	순천시 서면 강청리 828
장도파크골프장	18	여수시 율촌면 여동리 390
불갑파크골프장	18	영광군 불갑면 방마리
한빛원자력파크골프장	36	영광군 홍농읍 성산리 494 한마음공원 내
영암파크골프장	18	영암군 영암읍 영운재로 272 *공인구장
삼호대불파크골프장	36	영암군 삼호읍 종합공원길 11
시종마한파크골프장	18	영암군 시종면 남해당로 65
고금파크골프장	9	완도군 고금면 농산리 759-1
장성군파크골프장	18	장성군 황룡면 신호리 53-1
장흥파크골프장	9	장흥군 관상읍 옥당리 535-16

파크골프장 이름	홀	주소
운림삼별초파크골프장	18	진도군 의신면 사천길 15-21
함평파크골프장	36	함평군 함평읍 수호리 1162-2 *공인구장
산이파크골프장	18	해남군 산이면 초두길 10-14
해남파크골프장	18	해남군 삼산면 봉학리 154-7
화순파크골프장	87	화순군 청풍면 풍암리 93-9
능주파크골프장	18	화순군 관영리 148

14. 전북특별자치도

파크골프장 이름	홀	주소
고창파크골프장	18	고창군 고창읍 월암리 407-2 고창스포츠타운 내
군산파크골프장	18	군산시 수송동로 58
청하파크골프장	18	김제시 청하면 강변로 151 근처
남원파크골프장	18	남원시 춘향골 체육공원 내
무주파크골프장	6	무주군 설천면 상평지길 20 무주복지공원 내
줄포파크골프장	18	부안군 줄포면 생태공원로 170 부안자연생태공원
순창군파크골프장	18	순창군 유등면 왜이리 555-2
고산파크골프장	18	완주군 고산면 읍내리 902 고산체육공원 내
둔산파크골프장	18	완주군 봉동읍 둔산리 881
비봉파크골프장	18	완주군 비봉면 소농리 454 비봉면체육공원 내
비비정파크골프장	18	완주군 삼례읍 후정리 142-1 비비정공원 내
상관파크골프장	18	완주군 상관면 신리 916
생강골파크골프장	36	완주군 봉동읍 낙평리 795
이서파크골프장	27	완주군 이서면 용서리 777-2 지사울공원
어울림파크골프장	18	익산시 함열읍 용안면 칠목리 152-2
익산파크골프장	18	익산시 오산면 목천리 967-1
임실파크골프장	27	임실군 오수면 오수리 3
마전교파크골프장	18	전주시 완산구 서신동 738-7

파크골프장 이름	홀	주소
온고을파크골프장	18	전주시 덕진구 화전동 969-6 만경강 하천
신태인파크골프장	36	정읍시 신태인읍 신용리 881
부귀파크골프장	18	진안군 부귀면 귀상로 652-41
진안파크골프장	18	진안군 진안읍 운산리 76

15. 제주특별자치도

파크골프장 이름	홀	주소
렛츠런파크골프장	18	제주시 애월읍 유수암리 1206
회천파크골프장	36	제주시 와흘전1길 32 제주시생활체육공원 내
강창학파크골프장	18	서귀포시 강정동 1353
남원(수망리)파크골프장	18	서귀포시 남원읍 수망리 산158-1
월라봉파크골프장	9	서귀포시 신효동 1188-5
칠십리파크골프장	18	서귀포시 서홍동 663-2

16. 충청남도

파크골프장 이름	홀	주소
웅진파크골프장	36	공주시 웅진동 722 웅진공원
계룡시파크골프장	36	계룡시 신도안면 정장리 6
금산군파크골프장	36	금산군 제원면 수당리 986-1
논산시파크골프장	36	논산시 대교동 319-39
당진해나루파크골프장	36	당진시 석문면 통정리 1349
삽교파크골프장	9	당진시 신평면 삽교호 호수공원 내
상록파크골프장	18	당진시 송악읍 두곡공단로
보령파크골프장	18	보령시 웅천읍 오천리 534-1
부여파크골프장	54	부여군 부여읍 군수리 268-3
서산나이스파크골프장	18	서산시 음암면 바위백이길 12
서산시파크골프장	36	서산시 양대동 753-4

파크골프장 이름	홀	주소
전원파크골프장	18	서산시 대산읍 운산리
서천군노인복지관파크골프장	18	서천군 종천면 충서로 302번길 88-26
곡교천파크골프장	18	아산시 권곡동 331-1 *공인구장
도고파크골프장	9	아산시 도고면 신언리 826
둔포파크골프장	9	아산시 둔포면 석곡리 1480
이순신파크골프장	36	아산시 온천동 849 *공인구장
무한천파크골프장	36	예산군 예산읍 주교리 524-117 *공인구장
도솔파크골프장	18	천안시 동남구 천안대로 844 도솔광장 내
백석파크골프장	36	천안시 서북구 백석공단1로 97-13
풍서천파크골프장	18	천안시 동남구 풍세면 풍서리 676-107 풍서천
풍세파크골프장	18	천안시 풍세면 용정리 971 풍세산단 내 공원
한들파크골프장	18	천안시 서북구 음봉로 861-50
성남면파크골프장	18	천안시 성남면 대화리 376
백세파크골프장	36	청양군 청양읍 은천동길 16-6 백세공원 내
태안파크골프장	36	태안군 태안읍 기업도시로 443
홍성군파크골프장	18	홍성군 홍성읍 충서로 1707번길 150

17. 충청북도

파크골프장 이름	홀	주소
괴산파크골프장	18	괴산군 괴산읍 임꺽정로 222
단양파크골프장	18	단양군 단양읍 별곡리 92 단양생태체육공원 내
음성금왕파크골프장	18	음성군 금왕읍 오산리 산2-4
음성맹동파크골프장	9	음성군 맹동면 동성리 6
음성생극파크골프장	18	음성군 생극면 신양리 793-2
청풍호파크골프장	54	제천시 금성면 중전리 359
증평파크골프장	9	증평군 증평읍 환경개선사업소 내
진천파크골프장	18	진천군 진천읍 장관리

파크골프장 이름	홀	주소
오송파크골프장	36	청주시 흥덕구 오송읍 오송리 358-3
청주파크골프장	36	청주시 흥덕구 미호로 99
청주오송파크골프장	9	청주시 흥덕구 오송읍 오송생명과학단지 내
청주장애인파크골프장	18	청주시 흥덕구 미호로 99
청주호미골파크골프장	9	청주시 상당구 용정동 25
대소원파크골프장	18	충주시 대소원면 새터2길 29-15
수안보온천파크골프장	27	충주시 수안보면 안보리 425-4 생활체육공원 내
충주단월파크골프장	18	충주시 단월동 635-4
충주장애인파크골프장	9	충주시 창현로 1400(용관동)
충주호목행파크골프장	54	충주시 목행동 749-3 *공인구장

참고문헌

1. 김대광·박래후·방정원 편저, "기초부터 실전까지 파크골프 잘 치는 법", 파크골프신문사, pp.6-184, 2021.

2. 김대광·박래후, "함께해요 파크골프", 파크골프신문사, pp.6-110, 2020.

3. 김영선 지음, "읽기만 해도 실력이 향상되는 파크골프 LEVEL UP", 파크골프교육연구원, pp.7-176, 2021.

4. 김태헌, "파크골프 이론(교본)", (사)대한파크골프연맹, pp.1-68.

5. 오명근 편저, "ParkGolf 이론과 실제 파크골프 교본", 도서출판 한글, pp.6-197, 2011

6. 이금용, "파크골프 표준교재", (사)대한파크골프협회, pp.8-128, 2021.

7. 천성희, "KPGP공인인증규정 파크골프 총론", (사)대한파크골프연맹, pp.4-154, 2021.

8. 황경수, "파크골프 룰 북", 대한스포츠사회적협동조합, pp.3-71, 2018.

9. 아산시파크골프협회, "파크골프 규칙을 알면 더욱 재미있다", 파크골프신문사, 2017.

10. "대한파크골프연맹 밴드", (사)대한파크골프연맹 게시글 다수 참고.

11. "더 파크골프 밴드", 이재완 게시글 다수 참고.

12. "최준배파크골프발전연구소 밴드, 최준배 게시글 다수 참고.

13. "파크골프교육연구원 밴드", 김영선 게시글 다수 참고.

14. "PKGF영천시협회 게시톡", 최송만 게시글 다수 참고.

15. 김대광 대표, "파크골프 다이제스트", 파크골프신문사, 2024.

16. 손현숙, "필수과목 90점 받아 쉽게 합격하는 키포인트 노인체육론 2020", 지식닷컴·스포츠위즈, 2019

17. 최동표, "파크골프 지도자 자격검정 해법서", (사)대한파크골프협회, 2018.

18. 맹이섭 신상현 편저, "스포츠지도사 핵심문제집", 신지원, 2019.

19. 박종훈 외 5인 공저, "노인스포츠지도사 연수교재", 국민체육진흥공단, 2018.

20. 이금용, "파크골프 지도자 자격검정 문제집", (사)대한파크골프협회.

21. 제일병원장, 이명우 박사 글.

22. 미국 지넷 큐레시 스트로크 인스티튜티(Zeenat Qureshi Stroke Institute)의 연구 결과.

23. 남도일보 윤병선 글, "파크골프 매력과 골프장 운영관리"

24. 후강 정채섭 글, "파크골프 경기방식"

25 문화체육관광부장관·국민체육진흥공단이사장, "2024년도 체육지도자 자격 검정 및 연수 시행계획 공고"

26. (사)대한파크골프협회, "파크골프 자격시험"

27. (사)대한파크골프연맹, "파크골프 자격시험"

28, (사)대한파크골프연협회, "파크골프 자격시험"

29. (사)대한파크골프협회, "공인 파크골프장 리스트"

30. 국민체육진흥법 제11조 등, "2급 생활스포츠지도사 자격 정의 및 관련 근거", 국민체육진흥공단.

31. 국민체육진흥법 제11조 등, "유소년스포츠지도사 자격 정의 및 관련 근거", 국민체육진흥공단.

32. 국민체육진흥법 제11조 등, "노인스포츠지도사 자격 정의 및 관련 근거", 국민체육진흥공단.

33. 국민체육진흥법 제11조 등, "2급 장애인스포츠지도사 자격 정의 및 관련 근거", 국민체육진흥공단.

34. 박정용, "가장 좋은 파크골프채 고르는 방법", YouTube.

편저자 소개

박성두(朴成斗)
충남대학교 기계공학박사
국립 공주대학교 명예교수
노인스포츠지도사(파크골프), 파크골프1급지도자
파크골프 동호인 10년 활동(교육이사, 회장, 고문, 대학교 파크골프 강사)
E-mail : sdpark@kongju.ac.kr / 전화번호 : 010 2694 0810

이광자(李光子)
건축공학사, 건축기사, 파크골프1급지도자
제26회 충청남도민생활체육대회 수상
아산시파크골프스포츠클럽 초대회장
파크골프 동호인 10년 활동(회장, 고문)

박재광(朴在光)
한양대학교 건축전문대학원 건축설계 석사
건축사
㈜엠디에이건축사사무소 전무/본부장
홍익대학교 건축학부 겸임교수
(전)서울특별시 공공건축가
(현)대전광역시 공공건축가
일반 골프, 파크골프 동호인

박수희(朴秀熙)
서울시립대학교 건축공학박사
기업·기술가치평가사, 기술거래사
(전)한국특허기술진흥원 책임연구원
(현)한국발명진흥회 전문위원
파크골프 동호인

쉽게 배워서 즐기는
파크골프 이론과 실기

2025년 1월 15일 초판인쇄
2025년 1월 25일 초판발행

지은이 박성두·이광자·박재광·박수희 공편
펴낸이 한신규
펴낸곳 글터
주 소 05827 서울특별시 송파구 동남로 11길 19(가락동)
전 화 070-7613-9110   Fax 02-443-0212
E-mail geul2013@naver.com
등 록 2013년 4월 12일(제25100-2013-000041호)

출력·인쇄 수이북스 **제본** 보경문화사 **용지** 종이나무

ⓒ박성두· 이광자·박재광·박수희, 2025
ⓒ글터, 2025, Printed in Korea

ISBN   979-11-88353-72-9 03690 정가 20,000원